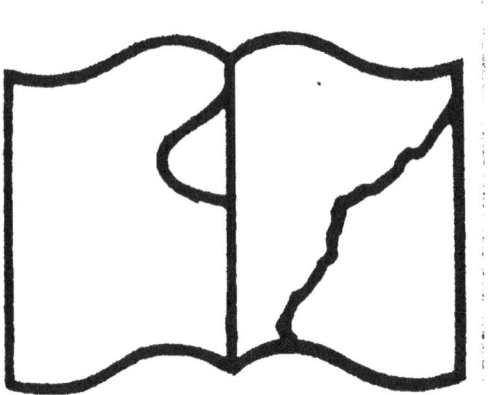

Couvertures supérieure et inférieure détériorées

Couvertures supérieure et inférieure en couleur

BIBLIOTHÈQUE ROSE ILLUSTRÉE

QUEL
AMOUR D'ENFANT!

PAR

Mme LA COMTESSE DE SÉGUR

NÉE ROSTOPCHINE

OUVRAGE ILLUSTRÉ DE 79 VIGNETTES SUR BOIS

PAR É. BAYARD

PARIS
LIBRAIRIE HACHETTE ET Cie
79, BOULEVARD SAINT-GERMAIN, 79

PRIX : 2 FRANCS 25

15734. — Imprimerie A. Lahure, rue de Fleurus, 9, à Paris.

QUEL
AMOUR D'ENFANT!

OUVRAGES DE Mme LA COMTESSE DE SÉGUR

PUBLIÉS PAR LA LIBRAIRIE HACHETTE ET Cie

BIBLIOTHÈQUE ROSE ILLUSTRÉE

Format in-18 jésus, broché

Après la pluie, le beau temps, avec 128 vignettes.........	2 25
Comédies et proverbes, avec 60 vignettes.................	2 25
Diloy le Chemineau, avec 90 vignettes...................	2 25
François le Bossu, avec 114 vignettes...................	2 25
Jean qui grogne et Jean qui rit, avec 70 vignettes.......	2 25
La fortune de Gaspard, avec 32 vignettes................	2 25
La sœur de Gribouille, avec 70 vignettes................	2 25
L'auberge de l'Ange-Gardien, avec 75 vignettes..........	2 25
Le général Dourakine, avec 100 vignettes................	2 25
Les bons enfants, avec 70 vignettes.....................	2 25
Les deux nigauds, avec 76 vignettes.....................	2 25
Les malheurs de Sophie, avec 48 vignettes...............	2 25
Le mauvais génie, avec 90 vignettes.....................	2 25
Les petites filles modèles, avec 21 vignettes............	2 25
Les vacances, avec 56 vignettes.........................	2 25
Mémoires d'un âne, avec 75 vignettes....................	2 25
Nouveaux contes de fées, avec 46 vignettes..............	2 25
Quel amour d'enfant! avec 79 vignettes..................	2 25
Un bon petit diable, avec 100 vignettes.................	2 25
Pauvre Blaise, avec 76 vignettes........................	2 25

La reliure en percaline gaufrée rouge se paye en sus : tranches jaspées, 1 fr. tranches dorées, 1 fr. 25.

Format in-8°, broché

La Bible d'une grand'mère, avec 30 gravures.............	10 »
Évangile d'une grand'mère, avec 30 gravures.............	10 »
Les Actes des Apôtres, avec 10 gravures.................	10 »

Évangile d'une grand'mère, édition classique, in-12 cart.	1 50
La santé des enfants, in-18 raisin, broché...............	» 50

QUEL
AMOUR D'ENFANT!

PAR

Mme LA COMTESSE DE SÉGUR

NÉE ROSTOPCHINE

OUVRAGE ILLUSTRÉ DE 79 GRAVURES SUR BOIS

PAR É. BAYARD

NOUVELLE ÉDITION

PARIS
LIBRAIRIE HACHETTE ET Cie
79, BOULEVARD SAINT-GERMAIN, 79
1889
Droits de traduction et de reproduction réservés.

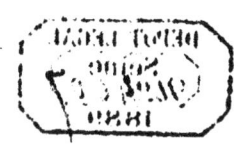

A MON PETIT-FILS

LOUIS DE SÉGUR-LAMOIGNON

Cher enfant, tu es fort et généreux comme un lion, doux comme un agneau et sage comme un ange. En lisant l'histoire de Giselle, tu te garderas bien de l'imiter; au lieu d'être agneau, elle est loup; au lieu d'être ange, elle est diable. Je ne crains donc pas que tu souffres de la comparaison avec cette méchante petite fille. Il faut en remercier ton Papa et ta Maman, qui t'élèvent si bien

DÉDICACE

qu'on ne te voit pas de défauts, et que tes bonnes qualités ressortent dans toute leur beauté.

C'est ainsi que te juge ma vive tendresse.

Ta grand'mère qui t'aime,

COMTESSE DE SÉGUR,
née Rostopchine.

QUEL AMOUR D'ENFANT[1]!

I

GISELLE EST UN ANGE

M. et Mme de Néri et leurs enfants étaient de retour à Paris depuis quelques jours. Blanche et Laurence de Néri, âgées l'une de dix-huit ans, l'autre de seize ans, avaient continué à demeurer avec leur frère et leur belle-sœur. Quatre ans auparavant, après la mort de leur mère, elles avaient demeuré chez leur sœur aînée Léontine de

---

1. Voir dans COMÉDIES ET PROVERBES, ouvrage du même auteur, *les Caprices de Giselle*.

Gerville, âgée alors de vingt-trois ans; mais le caractère intolérable de leur nièce Giselle, qui avait alors près de six ans, et la faiblesse excessive de Léontine et de son mari pour cette fille unique, avaient forcé Pierre de Néri à retirer ses sœurs de l'odieux esclavage dont elles souffraient. Ils avaient été passer un hiver à Rome; M. de Néri retrouva à Paris sa sœur Léontine, qu'il aimait tendrement, et qu'il voyait presque tous les jours.

Un matin, que Giselle avait fait une scène de colère en présence de son oncle, et que Léontine cherchait à persuader son frère de la sagesse et de la douceur de Giselle, Pierre ne put s'empêcher de lui dire :

« Je t'assure, Léontine, que tu es encore bien aveugle sur les défauts de Giselle; elle est franchement insupportable.

LÉONTINE.

Oh Pierre! comment peux-tu avoir une pensée aussi fausse! Tout le monde la trouve changée et charmante.

PIERRE.

Je veux bien croire qu'on te le dise; mais, ce que je ne puis croire, c'est qu'on te parle franchement.

LÉONTINE.

Si tu savais comme je suis devenue sévère! Je

la gronde, je la punis même toutes les fois qu'elle le mérite.

PIERRE, *souriant*.

Très bien ; mais elle ne le mérite jamais.

LÉONTINE.

Ceci est vrai ; elle est devenue douce, obéissante, tout à fait gentille. Mais tu es si sévère pour les enfants, que tu ne supportes ni leur bruit, ni leurs petits défauts....

PIERRE.

En effet, je ne supporte pas leurs cris de rage ni leurs méchancetés ; mais quant à leurs jeux, leurs cris de joie, leurs petites discussions, non seulement je les supporte, mais je les aime et j'y prends part. Au reste, tant mieux pour elle et pour toi si je me trompe. J'ai promis à mes enfants de leur acheter des fleurs pour des bouquets qu'ils veulent donner à Noémi le jour de sa fête. Il est un peu tard, et je m'en vais. Au revoir, ma sœur. »

Léontine embrassa son frère, quoiqu'elle fût contrariée de son jugement sur sa *charmante* fille, et revint s'asseoir dans son fauteuil ; elle réfléchit quelques instants : petit à petit son visage s'assombrit.

« C'est triste, pensa-t-elle, de voir toute ma famille tomber sur ma pauvre petite Giselle ! Parce que, mon mari et moi, nous l'avons peut-être un peu gâtée dans sa petite enfance, on se figure qu'elle doit être insupportable.... Pauvre ange! elle est si gentille! »

Pendant que Mme de Gerville s'extasiait sur la gentillesse de sa fille, Pierre de Néri rentrait chez lui avec un bouquet de fleurs, qu'il alla faire voir à sa femme.

« Vois, Noémi, les jolies fleurs que j'apporte aux enfants. Ils auront de quoi faire une demi-douzaine de bouquets pour le moins.

NOÉMI.

Elles sont charmantes, trop jolies pour les leur livrer; les camélias sont ravissants. Donne-les-moi, mon ami; c'est vraiment dommage de les faire abîmer par des enfants si jeunes.

PIERRE.

Je n'ai rien à te refuser, ma bonne Noémi, prends les camélias et laisse-leur les lilas, les muguets et les giroflées.

— Merci, mon ami. »

Et Noémi s'empressa d'enlever les camélias et une belle branche de lilas blanc.

PIERRE.

Assez! assez! Noémi; les enfants n'auront plus rien si tu continues. »

Pierre emporta son bouquet. Quand il entra chez ses enfants, ils coururent à lui.

GEORGES.

Papa, papa, nous attendons les fleurs; en avez-vous trouvé?

M. DE NÉRI.

Je crois bien! et de très jolies. Tenez, mes enfants, tenez; voici de quoi faire une quantité de bouquets. »

Pierre posa sur une table les fleurs qu'il avait tenues cachées derrière son dos, Georges et Isabelle poussèrent un cri de joie.

« Quelles belles fleurs! Merci, papa; vous êtes bien bon! »

Ils embrassèrent leur père, qui les laissa faire leurs bouquets et alla rejoindre leur mère.

Georges et Isabelle commencèrent à étaler les fleurs sur la table. Isabelle, qui avait trois ans, prenait et rejetait les giroflées; elle en faisait tomber quelques-unes par terre.

GEORGES.

Prends garde, Isabelle : tu fais tout tomber.

ISABELLE.

Non, pas tout; seulement un peu.

GEORGES.

Mais tu les casses. Regarde, cette belle-là; elle est tout abîmée.

ISABELLE.

Ça fait rien, ça fait rien.

GEORGE.

Si, ça fait beaucoup : c'est pour maman.

ISABELLE.

Et moi? J'en veux aussi, moi.

GEORGES.

Tu auras les petites, qui sont maigres.

ISABELLE.

Non; je veux les grasses.

GEORGES.

Les grasses sont pour maman.

ISABELLE.

J'en veux, je te dis.

GEORGES.

Et moi, je te dis : je ne veux pas; je suis le plus grand, j'ai quatre ans et demi. »

Isabelle regarda Georges d'un air malin, saisit une poignée de muguet et s'enfuit du côté de sa bonne. Georges courut après elle pour lui arracher les fleurs; Isabelle, se voyant prise, les cacha dans les plis de sa robe en criant :

« Au secours, ma bonne! au secours! »

La bonne savonnait dans un cabinet à côté; elle accourut aux cris d'Isabelle, et la trouva luttant de toutes ses forces contre son frère, qui, sans lui faire de mal, la secouait, la culbutait, en cherchant à ravoir le muguet : Isabelle le défendait, en tenant sa robe à deux mains.

« J'en veux, je te dis. »

LA BONNE.

Qu'y a-t-il donc? Georges, pourquoi bousculez-vous votre sœur? Et vous, Isabelle, qu'est-ce que vous tenez si serré dans vos mains?

GEORGES, *pleurant à demi.*

Elle prend les fleurs de maman; elle les abîme; elle ne veut pas me les rendre.

ISABELLE, *pleurant à moitié.*

Il veut prendre tout; il me donne les maigres.

LA BONNE.

Laissez votre sœur, mon petit Georges; et vous, Isabelle, soyez sage; rendez au pauvre Georges les fleurs que vous chiffonnez et que vous cassez en les serrant si fort. Pensez donc que c'est pour votre maman que Georges soigne ces fleurs. Vous lui faites de la peine en les abîmant. »

Georges lâcha Isabelle, et Isabelle laissa tomber les fleurs, fanées, écrasées à ne pouvoir servir. Quand Georges vit l'état dans lequel les avait mises sa sœur, il fondit en larmes. Isabelle, voyant pleurer son frère, se mit à sangloter de son côté. Elle se jeta au cou de Georges, lui demanda pardon, lui dit qu'elle ne le ferait plus. Georges, qui était très bon, l'embrassa, essuya ses yeux et retourna à ses fleurs. Isabelle le suivit, mais elle ne toucha à rien, et mit ses mains derrière son dos.

ISABELLE.

Vois-tu, Georges, comme ça, je ne toucherai pas ; je n'ai plus de mains.

GEORGES.

A la bonne heure ! Reste comme ça, et ne bouge pas. »

Georges commença à mettre ensemble les plus belles fleurs ; Isabelle les lui désignait avec son menton, gardant fidèlement ses mains derrière son dos. Ils avaient presque fini, quand la porte s'ouvrit, et leur cousine Giselle entra.

GISELLE.

Vous voilà ici ! Je croyais que vous étiez partis pour vous promener.

GEORGES.

Non ; nous faisons des bouquets pour maman. C'est demain sa fête.

GISELLE.

Et toi, qu'est-ce que ma tante te donnera?

GEORGES.

A moi? rien du tout. Ce n'est pas ma fête.

GISELLE.

C'est drôle, ça. Papa et maman me font toujours des présents le jour de leur fête. Voyons tes fleurs. Elles sont très jolies ! Et comme elles sentent bon ! Où les as-tu cueillies ?

GEORGES.

C'est papa qui nous les a apportées.

GISELLE.

Aimes-tu ton papa?

GEORGES.

Beaucoup; il est si bon!

GISELLE.

Pas pour moi, toujours. Il me gronde continuellement.

GEORGES.

Parce que tu es méchante. Papa ne nous gronde jamais, Isabelle et moi.

GISELLE.

Qui est-ce qui t'a dit que j'étais méchante?

GEORGES.

C'est personne. Je le vois bien.

GISELLE.

Petite bête, va! Tu seras comme ton papa, qui trouve tout le monde méchant.

GEORGES.

Non, pas tout le monde. Il trouve maman très bonne; il trouve ma tante Laurence et ma tante Blanche très bonnes; il me trouve très bon; il trouve Isabelle très bonne.

GISELLE.

Et pourquoi me trouve-t-il méchante?

GEORGES.

Je ne sais pas; demande-lui. »

Laurence entra au moment où Giselle allait

répondre. Georges et Isabelle coururent au-devant d'elle et l'embrassèrent à plusieurs reprises. Giselle fit un pas, puis s'arrêta.

« Bonjour, ma tante, dit-elle sèchement.

— Bonjour, Giselle. » Laurence voulut l'embrasser, mais Giselle la repoussa.

« Toujours aimable, dit Laurence en riant.

LAURENCE.

Tu fais des bouquets avec Georges et Isabelle?

GISELLE, *d'un air grognon*.

Non, je regarde.

LAURENCE.

Je vais les aider, ces pauvres petits. Voyons, mon petit Georget, choisis-moi les plus belles fleurs. Et toi, mon petit Isabeau, va me chercher du fil chez ta bonne; je vous ferai deux beaux bouquets, que vous donnerez demain à votre maman.

GISELLE.

Et moi, qu'est-ce que je ferai?

LAURENCE, *riant*.

Toi, tu feras ce que tu faisais quand je suis entrée : tu regarderas.

GISELLE, *avec humeur*.

Tu crois donc que ça m'amuse de regarder faire des bouquets?

LAURENCE.

Si cela t'ennuie, fais autre chose.

GISELLE, *avec humeur.*

Et que veux-tu que je fasse?

LAURENCE.

Je n'en sais rien; fais ce que tu voudras. Tu n'es pas facile à contenter.

GISELLE, *avec humeur.*

Je vois bien que c'est toi qui dis à tout le monde que je suis méchante. Je le dirai à maman et à papa; ils seront très fâchés contre toi, tu verras cela.

LAURENCE.

Dis ce que tu voudras, ma pauvre fille. Quand j'avais treize ans et que je demeurais avec toi chez ta mère, après la mort de ma pauvre chère maman, j'avais peur de tes méchancetés, parce que ton père et ta mère nous grondaient et nous rendaient malheureuses, Blanche et moi; mais à présent que nous demeurons chez mon frère et mon excellente belle-sœur, je ne m'effraye plus de ce que tu peux dire, et je te plains d'être aussi méchante à dix ans que tu l'étais à six.

GISELLE.

Ce n'est pas vrai; maman dit que je suis devenue très bonne.

LAURENCE

Ta pauvre maman t'aime tellement qu'elle te

croit bonne. Demande à ton oncle Pierre s'il pense comme elle.

GISELLE, *avec colère.*

Mon oncle Pierre est méchant lui-même ; il veut qu'on n'aime que ses enfants, et alors il tâche de me faire du mal.

LAURENCE, *vivement.*

Mauvaise petite fille, tais-toi ou va-t'en.

GISELLE.

Je ne m'en irai pas et je ne me tairai pas ; et je dis que mon oncle Pierre et ma tante Noémi sont très méchants et que je les déteste.

GEORGES.

Je ne veux pas que tu dises que papa et maman sont méchants ; entends-tu, méchante ?

ISABELLE.

Moi, veux pas non plus, méchante. »

Laurence pose ses fleurs sur la table et veut faire sortir Giselle, qui se débat, qui s'échappe et qui court à la table ; avant que Laurence ait pu l'en empêcher, elle saisit les fleurs, les écrase dans ses mains, les jette par terre, les piétine, et chante d'un air moqueur et triomphant :

La bonne aventure ô gué !
La bonne aventure.

Georges et Isabelle restent immobiles et consternés ; Laurence appelle la bonne.

« Annette, voulez-vous aller chercher mon frère tout de suite, et enfermez-nous à double tour pour que Giselle ne s'échappe pas. »

La bonne obéit avec empressement ; Giselle comprit le danger qu'elle courait, et chercha inutilement un moyen d'y échapper. Elle n'eut pas le temps de réfléchir longtemps ; la bonne ramena M. de Néri presque immédiatement.

M. DE NÉRI.

Qu'y a-t-il donc, Laurence ? Pourquoi m'envoies-tu chercher ? pourquoi les enfants pleurent-ils ?

LAURENCE.

A cause d'une nouvelle méchanceté de Giselle. »

Laurence raconta à Pierre ce qui venait de se passer.

« Je t'ai fait appeler parce que je ne peux pas en venir à bout et qu'elle ne veut pas sortir d'ici.

M. DE NÉRI.

Giselle, si tu étais ma fille, je te punirais de manière à t'empêcher de recommencer, mais comme tu n'es, grâce à Dieu, que ma nièce, je me bornerai à t'emmener chez moi, où tu resteras tout le temps que tu devais passer ici.

GISELLE, *tapant du pied*.

Je ne veux pas aller chez vous ; vous me battriez ; je veux m'en aller.

PIERRE, *se retournant vers la bonne.*

Combien de temps Giselle devait-elle rester ici ?

LA BONNE.

Je crois que c'est une heure et demie, Monsieur ; sa bonne est chez la femme de chambre de Madame ; Monsieur veut-il que je l'appelle ?

M. DE NÉRI.

Merci, Annette, c'est inutile ; vous lui direz seulement que lorsqu'il sera temps de partir, elle vienne chercher Giselle dans mon cabinet de travail. » Et s'approchant de sa nièce :

« Voyons, marche devant moi, Giselle.

GISELLE, *pleurant.*

Je ne veux pas aller chez vous ; je ne veux pas vous voir. »

M. de Néri ne dit rien, mais, s'approchant de Giselle, il lui saisit les mains, malgré ses cris et ses efforts ; il prit ses deux poignets avec une de ses mains et se dirigea vers la porte, traînant Giselle après lui ; il arriva ainsi jusqu'à son cabinet de travail, décrocha une courroie qui retenait ses fusils, enleva Giselle, la plaça dans un fauteuil et l'y attacha avec sa courroie, mais sans lui faire de mal.

« Maintenant, dit-il, crie, gigote, hurle, je ne m'inquiète plus de toi ; tu en as pour une heure environ. Réfléchis et tâche de comprendre combien ta méchanceté te profite peu ; combien tu offenses le bon Dieu, qui t'a donné tant de choses que les autres n'ont pas ; combien tu te rends malheureuse toi-même, et combien tu te fais détester par tout le monde. »

Pierre se remit à son bureau et continua son travail interrompu. Giselle eut beau crier, appeler, se démener, il ne leva seulement pas les yeux de dessus son papier. Au bout d'une heure, sa bonne vint la chercher : elle semblait consternée. Pierre délia Giselle et la laissa partir sans la regarder. Giselle lui lança un regard furieux, et se dépêcha de retourner à la maison, où elle raconta ses aventures à sa façon.

II

SINCÉRITÉ DU CHER ANGE

Georges et Isabelle, distraits par l'arrivée de leur papa et l'enlèvement de leur cousine, oublièrent un instant les fleurs.

GEORGES.
Qu'est-ce que papa va lui faire?

ISABELLE.
Il va la fouetter, bien sûr, et avec de grosses verges.

GEORGES.
Comme toi l'autre jour, quand tu m'as mordu jusqu'au sang.

ISABELLE.
Et comme toi, quand tu as craché sur ma bonne.

GEORGES.

Mais je n'ai pas craché après.

ISABELLE.

Je n'ai plus mordu, moi aussi.

GEORGES, *tristement*.

Et nos bouquets? Nous n'avons rien à donner à maman.

LAURENCE.

Si fait, mes chers petits; j'avais mis sur la commode les deux plus beaux, que j'avais heureusement finis avant l'arrivée de Giselle. J'en faisais d'autres avec les petites fleurs qui restaient. Il y en a beaucoup qui ne sont pas écrasées; vous donnerez ces deux beaux bouquets; Blanche et moi, nous en donnerons deux plus petits que je vais finir.

GEORGES.

Non, non, ma pauvre tante, prenez les gros et donnez-nous les petits. N'est-ce pas, Isabelle?

ISABELLE.

Non; moi je veux un gros; toi, prends un petit.

GEORGES.

Comment? tu ne veux pas donner un gros bouquet à ma pauvre tante qui est si bonne?

ISABELLE.

Oui, je veux bien, le tien; moi, je veux un gros.

GEORGES.

Et ma pauvre tante Blanche?

ISABELLE, *hésitant*.

Ma tante Blanche?... Comment faire? Prends, prends tout par terre ; c'est beaucoup ça.

GEORGES.

C'est écrasé; les fleurs sont cassées; ce n'est pas joli.

LAURENCE.

Mes chers petits, gardez vos gros bouquets. Vois-tu, mon bon petit Georges, toi et Isabelle vous êtes les enfants de maman; Blanche et moi, nous ne sommes que les sœurs; les enfants doivent donner le plus beau cadeau, parce que les mamans les aiment davantage que les sœurs. C'est mieux comme cela. »

Ce raisonnement persuada Georges, qui fut bien content de pouvoir donner à sa maman le plus beau bouquet. Laurence acheva de lier tout ce qui restait de fleurs fraîches et non cassées; elle montra ensuite aux enfants à tout mettre en ordre, à balayer les débris de fleurs qui couvraient le plancher; enfin, elle leur fit tout nettoyer et ranger.

Pendant ce temps, Giselle arrivait furieuse chez sa mère.

GISELLE.

Maman, je ne veux plus aller chez mon oncle Pierre ni chez ma tante Laurence.

LÉONTINE.

Pourquoi donc, ma petite chérie?

GISELLE.

Georges et Isabelle n'ont pas voulu me laisser faire des bouquets; ma tante Laurence m'a battue, m'a enfermée; elle a....

LÉONTINE, *indignée*.

Battue! enfermée! Mon pauvre trésor! Battue! Et pourquoi donc? Qu'avais-tu fait?

GISELLE.

Rien du tout, maman. J'ai seulement fait tomber quelques fleurs; elle a dit que je l'avais fait exprès; je m'ennuyais puisqu'on ne me laissait toucher à rien, et je me suis mise à chanter. Ma tante s'est fâchée, elle m'a poussée, j'ai crié; ma tante a envoyé chercher mon oncle pour me fouetter....

LÉONTINE, *poussant un cri*.

Te fouetter! Mais c'est affreux! Est-ce qu'ils t'ont réellement fouettée?

GISELLE.

Ils n'ont pas osé, parce que j'ai dit que je m'en plaindrais à vous et à papa. Alors mon oncle m'a grondée horriblement; il a dit que si j'étais sa fille il me fouetterait à me faire mourir, mais qu'il avait peur de vous et de papa et qu'il était bien fâché de m'avoir pour nièce.

LÉONTINE.

Mais c'est incroyable! Je n'en reviens pas.

GISELLE.

Alors mon oncle m'a prise; il m'a traînée, malgré mes cris, dans toute la maison, en me tirant par les poignets, qui sont tout rouges encore; il m'a entraînée dans un cabinet; il m'a attachée avec des cordes en cuir qui me faisaient un mal affreux, et il m'a laissée là; j'ai eu beau le supplier, lui demander grâce, il m'a laissée là pendant plus d'une heure. Quand il m'a détachée, j'étais presque évanouie, tant j'avais eu mal. Vous voyez bien, maman, pourquoi je ne veux plus retourner chez mon oncle. Je l'*aime* beaucoup pourtant, mais il est trop méchant. »

Léontine pleurait à chaudes larmes; les souffrances qu'avait endurées sa malheureuse enfant, la cruauté de son frère et de sa sœur Laurence la mettaient hors d'elle. Elle prit dans ses bras la douce l'innocente Giselle et la couvrit de baisers.

« Chère petite victime d'une incroyable jalousie, dit-elle, tu n'iras plus chez ton oncle qu'avec moi, et je ne te quitterai pas d'un instant. Pauvre, pauvre enfant! »

Les larmes de Léontine redoublèrent. Giselle triomphante courut chez sa bonne pour lui recommander de dire comme elle.

LA BONNE.

Mais, Mademoiselle Giselle, je ne sais pas ce qui s'est passé; vous savez que j'étais avec la femme de chambre de Madame votre tante.

GISELLE.

Mais vous savez toujours comme je criais....

LA BONNE.

Oh! quant à ça, je puis l'affirmer.

GISELLE.

Et comme j'étais attachée avec des cordes en cuir, si fort, que je ne pouvais pas bouger.

LA BONNE.

Je crois bien que cette courroie ne vous serrait pas trop, et que vous n'étiez pas si à plaindre, assise dans un bon fauteuil, ayant les mains libres.

GISELLE.

Enfin je vous ordonne de dire comme moi et de ne pas faire à maman et à papa les réflexions que vous inventez sans savoir ce qui s'est passé.

LA BONNE.

Soyez tranquille, Mademoiselle Giselle, je ne vous contredirai pas. »

Quand Giselle fut partie, la bonne leva les épaules : « Elle est méchante tout de même, cette petite fille. Si je n'avais pas de si gros gages, je ne resterais pas deux jours avec elle; mais j'ai ma pauvre mère à soutenir, je gagne ici huit cents francs; j'ai souvent des cadeaux; je ne retrouverais pas cela ailleurs, il faut que je reste; ma mère ne manquera de rien tant que je serai chez Mme de Gerville. »

Giselle rentra au salon; elle y trouva un ancien ami de la famille, M. Tocambel, qui ne se gênait pour personne et qui était d'une franchise rude, mais bienveillante.

« Bonjour, la belle enfant, dit-il à Giselle; êtes-vous toujours méchante? Avez-vous fait beaucoup de tapage aujourd'hui?

GISELLE, *piquée*.

Je ne suis plus méchante depuis longtemps, vous le savez bien.

M. TOCAMBEL.

Mais je n'en sais pas un mot; et je vois à vos jolis yeux rouges et à vos cheveux ébouriffés qu'il y a eu quelque chose cet après-midi.

GISELLE.

Il y a eu que mon oncle Pierre a été plus méchant que jamais, et ma tante Laurence aussi.

M. TOCAMBEL.

Mon enfant, ceci n'est pas possible. Je connais votre oncle et votre tante depuis qu'ils sont au monde; ils ne peuvent pas être méchants. »

« Ah! vous voici, mon vieil ami, dit Léontine

qui entrait ; de quoi parliez-vous donc avec Giselle?

M. TOCAMBEL.

Nous causions d'une petite fée lutine qui est en guerre avec deux génies bienfaisants, que la petite fée métamorphose en malfaiteurs.

LÉONTINE, *riant*.

La petite fée a donc une puissance plus grande que celle des génies?

M. TOCAMBEL.

Cela dépend d'une certaine poudre avec laquelle elle aveugle les gens qui croient y voir clair.

LÉONTINE.

Vous parlez un peu en énigmes, mon ami. Mais moi, j'ai à vous parler sérieusement. Giselle, va chez ta bonne, ma petite chérie; j'irai te chercher dans une heure.

GISELLE.

Oh! ma petite maman, laissez-moi ici; je vous aime tant.

LÉONTINE, *l'embrassant*.

Mon cher amour, j'ai quelque chose à dire que tu ne dois pas entendre; je t'en prie, va chez ta bonne.

GISELLE.

Oh! je sais bien ce que vous voulez dire à mon bon ami que j'aime tant; vous voulez lui parler de mon oncle et de ma tante. »

« Elle dit que c'est un gazon que vous avez sur la tête. » (Page 31).

Léontine fait un geste de surprise et dit à l'oreille de M. Tocambel : « Elle a deviné ; quel esprit a cette enfant ! »

Giselle, voyant que sa mère hésite, l'embrasse, la câline et dit d'une voix bien douce :

« Chère petite mère, pardonnez-leur ; vous êtes si bonne. Ne dites rien à mon bon ami ; cela lui ferait de la peine ; et il est si vieux, il ne faut pas le tourmenter.

M. TOCAMBEL.

Giselle, votre maman vous a dit de vous en aller ; moi aussi, j'ai à lui parler, laissez-nous seuls.

GISELLE, *l'embrassant*.

Mon bon ami, vous êtes fâché contre moi, et je sais bien pourquoi ; c'est parce que j'ai dit que vous êtes vieux. Pardonnez-moi, mon bon ami, j'ai eu tort ; je ne pensais plus que ma tante de Monclair m'avait recommandé de ne pas vous parler de votre âge ni de votre perruque ; elle dit que c'est un gazon que vous avez sur la tête. Ha, ha, ha ! C'est drôle, n'est-ce pas ?

M. TOCAMBEL, *sérieusement*.

Giselle, votre tante a raison ; vous êtes trop jeune pour vous permettre des plaisanteries sur mon âge et sur mes cheveux ; et pas assez jeune pour ne pas comprendre que vous venez de faire une double méchanceté. Je n'ai pas de votre poudre dans les yeux, moi.

GISELLE.

Moi? Une méchanceté! Contre qui donc?

M. TOCAMBEL.

Contre votre tante et contre moi; et vous le savez très bien. Sortez à présent; je vous le demande très sérieusement.

GISELLE, *pleurnichant*.

Maman!

LÉONTINE, *l'embrassant*.

Va, mon enfant; obéis à notre meilleur et plus ancien ami. »

Giselle sortit en faisant semblant de pleurer, mais très satisfaite d'avoir chagriné M. Tocambel, qui avait deviné sa méchante intention et qui allait sans doute en parler à sa mère.

III

COURAGE DE LÉONTINE

Giselle ne se trompait pas; à peine fut-elle partie que M. Tocambel, se tournant vers Léontine, lui dit :

« Parlez, mon enfant, je vous écoute.

LÉONTINE.

Vous m'avez peinée, mon cher ami, par votre sévérité pour ma pauvre Giselle. Je crains qu'elle n'ait compris toutes vos paroles; elle est si intelligente; elle en a beaucoup de chagrin, j'en suis bien sûre.

M. TOCAMBEL.

Rassurez-vous, ma chère enfant; bien loin d'avoir du chagrin, elle est contente de m'avoir *vexé*, comme elle le croit; elle m'a peiné en effet, vous aussi; elle, par sa fausseté et ses intentions malicieuses; et vous, par votre faiblesse et votre confiance aveugle en ses paroles.

LÉONTINE, *avec surprise.*

Ma faiblesse? Ma faiblesse? Comment? Au moment où j'use de sévérité à son égard, où je l'oblige à m'obéir malgré ses larmes, vous m'accusez de faiblesse? Que fallait-il donc faire?

M. TOCAMBEL.

Il fallait ouvrir les yeux, mon enfant, et voir que sa feinte amitié pour moi, que sa demande en grâce pour son oncle et sa tante, que sa prétendue étourderie en parlant de mon âge et en rapportant les paroles de la tante Monclair, que ses larmes forcées, que tout cela était fausseté et mensonge. Aussitôt qu'il s'agit de Giselle, vous devenez aveugle à l'évidence, sourde à la vérité. Et à présent, ma chère enfant, dites-moi ce que vous aviez à me dire. »

Léontine, un peu émue, lui raconta la scène qui s'était passée chez son frère et le martyre de la malheureuse Giselle. M. Tocambel l'écouta attentivement; quand elle eut tout dit, il leva les yeux sur elle, lui serra les mains et lui dit avec un sourire :

« Pauvre mère! Comme vous voilà troublée pour un rien!

LÉONTINE.

Pour un rien! Vous appelez un rien d'avoir traîné mon enfant dans toute la maison, de l'avoir menacée du fouet, de l'avoir garrottée comme un malfaiteur, de l'avoir torturée ainsi pendant une grosse heure! Tout cela n'est rien? A moins de l'avoir tuée, je ne vois pas ce que Pierre aurait pu faire de mieux.

M. TOCAMBEL.

Tout cela est faux, je le garantis. Vous connaissez Pierre tout aussi bien que je le connais; vous savez qu'il est bon, qu'il est juste, qu'il vous aime, et qu'il est incapable d'un acte injuste et cruel.

LÉONTINE, *indignée*.

Alors vous ne croyez pas ma fille?

M. TOCAMBEL.

Je ne la crois pas du tout. D'abord, elle est en colère contre son oncle et sa tante, qui l'ont probablement empêchée de faire quelque sottise. Ensuite, elle ne dit pas toujours les choses comme elles sont. Attendez pour juger votre frère qu'il vous ait raconté lui-même ce qui s'est passé.

LÉONTINE, *très vivement*.

Et vous croyez que Pierre osera nier ses brutalités à l'égard de Giselle?

M. TOCAMBEL.

Je crois qu'il osera dire la vérité, ce qui n'est pas sans danger avec vous. Tenez, dans ce moment vous me détestez, vous voudriez me voir à cent lieues d'ici.

LÉONTINE, *sanglotant*.

Je vous croyais un ami, et vous ne l'êtes pas; je comptais sur vous, qui avez de l'influence dans la famille, pour protéger ma pauvre Giselle, et vous l'accablez de votre mépris et de vos faux jugements. Pauvre enfant! Pauvre ange calomnié! »

Léontine sanglota de plus belle; M. Tocambel resta impassible. De temps en temps il prenait une prise de tabac; il attendit ainsi que la crise fût passée. Quand Léontine cessa de pleurer, il lui parla sérieusement, mais avec douceur, de sa trop grande faiblesse pour sa fille, du mal qu'elle lui faisait et du triste avenir qu'elle lui préparait. Il parvint à la faire consentir à une explication avec son frère.

M. TOCAMBEL.

Voulez-vous y aller avec moi? Je vous donne toute ma fin de journée, s'il le faut.

LÉONTINE.

J'aimerais mieux attendre; je suis trop émue, trop troublée maintenant. Mais que dire à Giselle? Je ne puis croire qu'elle ait mis, comme vous le pensez, de la fausseté, de la vengeance, de la méchanceté dans sa conduite de ce matin.

M. TOCAMBEL.

Mon enfant, croyez-en ma vieille expérience : Giselle a besoin d'être réprimandée, punie et tenue avec sévérité, jusqu'à ce que vous soyez parvenue à la rendre bonne, douce et sincère. Quant à Pierre, si vous ne voulez pas y aller, j'y vais, moi, et je vous rapporterai ses explications.

LÉONTINE.

Merci, mille fois merci. Et de toutes manières amenez Pierre avec vous. J'ai besoin de le voir. »

Léontine resta seule et réfléchit. Nous allons voir plus loin quel fut le résultat de ses réflexions.

IV

LA SÉVÉRITÉ DE LÉONTINE

Une heure après le départ de M. Tocambel la porte s'ouvrit. Pierre entra, s'avança vers Léontine qui s'était levée, la prit dans ses bras et l'embrassa à plusieurs reprises.

PIERRE.

Pauvre sœur!... Comme te voilà triste et malheureuse! Tu as donc réellement cru que j'avais torturé ta fille?

LÉONTINE.

Pierre, mon bon Pierre! pardonne-moi! Oui, je t'ai cru méchant, cruel pour ma pauvre Giselle! J'ai cru.... »

Les larmes lui coupèrent la parole; elle serra

son frère contre son cœur, et pleura la tête appuyée sur son épaule.

« Si tu savais, continua-t-elle, combien il m'est difficile et douloureux de croire Giselle coupable de mensonge, de méchanceté, de fausseté. J'aime tant cette enfant, la seule, hélas! que le bon Dieu m'ait donnée.

PIERRE.

Je comprends, chère Léontine, je comprends tout; mais, dans l'intérêt même de Giselle, il faut que tu saches ce qui s'est passé ce matin; tu verras ensuite ce que tu dois croire et ce qui te reste à faire. Asseyons-nous et écoute-moi. »

Pierre raconta exactement la scène qu'il avait eue avec Giselle, et ce qui s'était passé auparavant. Léontine pleura beaucoup. Quand il eut terminé son récit, elle l'embrassa affectueusement et lui dit :

« Mon bon Pierre, rends-moi un grand service : va chercher Giselle, amène-la-moi et reste là pour me donner le courage dont j'ai besoin et que je demande au bon Dieu. »

Pierre lui serra les mains et alla chercher Giselle.

PIERRE.

Ta mère te demande, Giselle; viens au salon.

GISELLE.

Pas avec vous, toujours.

PIERRE.

Si fait, avec moi. Ta maman le veut.

GISELLE, *avec malice.*

Maman le veut!... Elle le veut si je veux.

PIERRE.

Tu te trompes, ma fille. Je te répète que ta maman le veut.... Entends-tu? Elle le *veut*,... et tu vas venir. »

Le ton ferme de Pierre décida Giselle à obéir de bonne grâce; elle ne voulait pas que sa mère la crût capable de résistance ouverte à la volonté de son oncle. Elle se leva et le suivit.

Giselle eut peur en entrant chez sa mère; le doux et affectueux sourire avait fait place à une expression froide et sévère. Giselle s'arrêta au milieu de la chambre.

« Approche, Giselle. Pierre, viens t'asseoir près de moi. »

Léontine se recueillit un instant, le visage caché dans ses mains qui tremblaient visiblement.

« Giselle, dit-elle d'une voix pleine de tristesse et de douceur, Giselle, tu m'as trompée; mon frère m'a tout raconté. Il a eu cent fois raison; ta conduite a été très mauvaise; elle m'a beaucoup affligée. Tu as perdu ma confiance; à l'avenir je ne croirai plus à tes paroles; je sais maintenant avec quel aplomb tu sais mentir. Ma trop grande indulgence fera place à la sévérité. Va dans ta chambre et reste avec ta bonne; tu y dîneras seule; je ne veux pas te voir jusqu'à demain.

GISELLE.

Maman, ma bonne petite maman, je vous aime tant! Pardonnez-moi, je ne savais plus ce que je vous disais en revenant de chez mon oncle; je ne recommencerai pas, je vous assure. Croyez-moi, ma bonne petite maman, et laissez-moi avec vous. »

Giselle se jeta à genoux et baisa les mains de sa mère, qu'elle voyait fléchir et s'attendrir.

Léontine, irrésolue, regarda Pierre; il lui serra la main et lui dit tout bas :

« Courage, ne cède pas. »

Léontine soupira, retira la main que baisait Giselle et lui dit avec froideur :

« Je ne te crois pas, Giselle. Obéis, et va-t'en. Quand je te verrai corrigée, je te rendrai ma confiance et ma tendresse. Pierre, mon ami, emmène-la et reviens près de moi. »

Pierre s'empressa de faire sortir Giselle, qui essaya de résister en se cramponnant à la robe de sa mère; mais elle n'osa pas faire une scène de violence et se laissa emmener.

« C'est vous, dit-elle à son oncle, quand la

Pierre s'empressa de faire sortir Giselle.

porte fut refermée, c'est vous qui avez donné des conseils à maman. Sans vous elle n'aurait pas eu le courage de me renvoyer.

PIERRE.

Tu ne te trompes pas, Giselle ; elle a écouté mes conseils et ceux de notre ancien ami M. Tocambel ; et, bien mieux, elle est décidée à les suivre à l'avenir ; ainsi je t'engage à changer de conduite et de sentiments, si tu ne veux pas voir diminuer de jour en jour sa tendresse pour toi. »

Giselle ne répondit pas ; elle résolut de ramener sa mère par ses câlineries et de se faire protéger par son père.

Pierre revint près de sa sœur, qu'il trouva désolée et inquiète. Il la rassura sur l'état de Giselle, l'approuva, l'encouragea à tenir bon et la quitta au moment où M. de Gerville rentrait.

V

LES BOUQUETS

Le lendemain de cette journée si agitée, Georges s'éveilla de bonne heure.

« Ma bonne, dit Georges, allez vite éveiller mes tantes Blanche et Laurence, pour porter nos bouquets à maman.

LA BONNE.

Pas encore, mon petit Georges ; il est trop tôt ; vos tantes dorment encore et votre maman aussi.

GEORGES.

Je voudrais bien me lever, ma bonne, pour être habillé.

LA BONNE.

Tout à l'heure, mon ami ; je prépare tout et je vais aller chercher de l'eau chaude. »

Quand la bonne fut sortie, Georges s'assit sur son lit et regarda Isabelle, qui dormait encore profondément.

GEORGES.

Tiens, Isabelle qui dort.... Isabelle, Isabelle ! »
Mais Isabelle ne bougeait pas.

« Il faut bien pourtant qu'elle donne son gros bouquet à maman.... Isabelle !... Elle dort toujours !... Je vais l'éveiller. »

Georges se lève et va secouer Isabelle.

« Isabelle ! lève-toi. Il faut donner les bouquets à maman. »

Isabelle entr'ouvre les yeux et les referme en murmurant : « Je veux dormir.

GEORGES, *très haut*.

Il faut te lever pour donner les bouquets.

ISABELLE, *engourdie*.

Je veux dormir, laisse-moi.

GEORGES, *désolé*.

Mon Dieu ! mon Dieu ! elle ne veut pas s'éveiller. Comment faire ?... (*Il lui crie dans l'oreille :*) Isabelle ! »

Isabelle se soulève à moitié, pousse Georges, qui tombe assis par terre, et retombe endormie sur son oreiller.

GEORGES, *se relevant*.

Méchante ! Tu m'as fait mal ! Je te dis qu'il

faut porter les bouquets. Elle dort de nouveau! »
Il hésite sur ce qu'il a à faire.

« C'est que j'ai froid, moi, en chemise et nupieds.... Alors je vais me recoucher, et quand ma bonne sera revenue, elle réveillera la grosse Bébelle. »

Georges se recoucha, se réchauffa dans son lit. Quand sa bonne rentra, il dormait aussi profondément qu'Isabelle.

« Tant mieux, dit la bonne, il est trop matin pour ce pauvre petit. Je vais préparer leurs belles toilettes pour souhaiter la fête à leur maman. »

Deux heures se passèrent et les enfants dormaient toujours. Blanche et Laurence entrèrent chez eux ; il était huit heures.

BLANCHE.

Comment ! ils dorment encore !

LA BONNE.

Oui, Mademoiselle. Georges s'était éveillé à cinq heures et demie, il voulait se lever et vous faire éveiller pour porter les bouquets ; j'ai été chercher de l'eau chaude ; quand je suis revenue, il s'était rendormi et dort encore. »

La voix de leurs tantes réveilla Georges et Isabelle ; ils se frottèrent les yeux et furent enchantés de voir leurs tantes. Georges sauta à bas de son lit et commença sa toilette, aidé de Laurence, tandis que Blanche s'occupait d'Isabelle.

« Pourquoi tu m'as poussé et m'as fait tomber? dit Georges à Isabelle quand le plus fort de la toilette fut fait.

ISABELLE.

J'ai pas poussé ; t'as pas tombé.

GEORGES.

Je te dis que tu m'as poussé et que je suis tombé.

ISABELLE.

Non ; te dis que non.

GEORGES.

Menteuse ! C'est vilain de dire non.

ISABELLE.

Moi pas menteuse ! Moi veux dire non.

GEORGES.

Alors tu seras toujours une menteuse.

LA BONNE.

Mais, Georges, quand donc Isabelle a-t-elle pu vous pousser, puisque vous dormiez encore quand vos tantes sont entrées ?

GEORGES.

Quand je me suis levé pour la réveiller, elle ne voulait pas ; elle dormait toujours ; alors j'ai crié dans son oreille ; alors elle m'a poussé, je suis tombé et je m'ai fait du mal.

« Je comprends, dit Laurence en riant. Vois-tu, mon petit Georges, elle t'a poussé tout endormie sans savoir ce qu'elle faisait ; et, après, elle l'a oublié : elle ne ment pas en disant non.

GEORGES.

A la bonne heure ! Alors tu n'es pas une menteuse ; je te pardonne.

ISABELLE.

Merci, Georges. Je ne t'ai pas poussé alors.

GEORGES.

Oui, tu m'as poussé ! mais je te pardonne.

ISABELLE.

Non, je ne t'ai pas poussé. »

Georges allait se fâcher de nouveau, mais sa tante lui expliqua encore qu'Isabelle ayant tout oublié, elle était trop petite pour comprendre qu'elle l'avait réellement poussé sans le savoir. Cette explication calma l'indignation de Georges ; leur toilette était finie, leurs tantes allèrent chercher les bouquets.

GEORGES.

Qu'ils sont beaux, qu'ils sont beaux ! Merci, ma bonne tante ! Comme vous les avez bien faits ! Ils sont plus beaux qu'hier.

LAURENCE.

C'est que j'ai ajouté quelques fleurs. »

En effet, Laurence avait remis dans les bouquets

des enfants les camélias que Noémi avait trouvés si beaux la veille et qui ne couraient plus aucun risque, puisque les enfants ne devaient les avoir qu'au moment de les donner.

Georges et Isabelle se mirent en marche, se tenant par la main et suivis de leurs tantes. Leur maman était encore en robe de chambre ; elle les reçut en les embrassant bien des fois, ainsi que ses bonnes sœurs.

Quand Noémi eut bien examiné et admiré les bouquets, elle dit aux enfants qu'elle allait mettre les fleurs dans des vases que leur papa venait de lui donner.

GEORGES.

Je vais mettre de l'eau, maman.

ISABELLE.

Et moi aussi, veux mettre de l'eau.

NOÉMI.

Non, mes enfants, vous casseriez mes vases et vous répandriez de l'eau partout. Otez seulement les papiers qui enveloppent les bouquets, et donnez-les-moi ensuite. »

Laurence et Blanche aidèrent Noémi à placer les bouquets dans les vases ; les enfants tournaient autour ; ils étaient enchantés.

GEORGES.

Maman, pourquoi vous voulez pas nous laisser

mettre l'eau? Giselle verse toujours l'eau de sa maman.

NOÉMI.

D'abord Giselle est beaucoup plus grande que toi, mon petit Georges; ensuite Giselle n'est pas obéissante; elle prend de l'eau quand sa maman le lui défend; moi, je ne veux pas que vous soyez désobéissants.

GEORGES.

Mais si vous permettez, ce ne sera pas désobéissant. Je demande pourquoi vous ne permettez pas?

NOÉMI.

Parce que tu es trop petit; tu n'as pas assez de force pour verser de l'eau d'un lourd pot à eau sans la répandre, et l'eau répandue mouille et abîme les meubles.

GEORGES.

Oh! je suis fort, moi.

NOÉMI.

Ah bien! puisque tu es si fort, prends mon pot à eau et verse-moi de l'eau dans le verre qui est sur la table. »

Georges, enchanté, courut au pot à eau, qui était plein, le saisit, en fit tomber la valeur d'un demi-verre sur sa blouse et l'apporta sans autre accident à sa maman.

GEORGES.

Tenez, maman, prenez.

NOÉMI.

Non, mon enfant, puisque tu es si fort, verses-en toi-même dans mon verre. »

Georges aurait mieux aimé ne pas verser lui-même; il commençait à sentir que c'était trop lourd pour ses forces et il craignit de répandre de l'eau. Mais il ne voulut pas l'avouer et il leva le pot à deux mains. Malgré toutes ses précautions, il pencha le pot plus vite qu'il n'aurait voulu; le verre se trouva en un instant si bien rempli que la table fut inondée, que l'eau coula de tous côtés et que les beaux habits de Georges furent trempés. Sa maman le regarda.

« Eh bien, Georges, avais-je raison de te dire que tu n'étais pas assez fort? »

Le pauvre Georges était rouge et honteux. Sa mère lui prit le pot à eau des mains; aidée de Laurence et de Blanche, elle épongea, essuya tout ce qui avait été mouillé. Isabelle crut aider beaucoup en épongeant avec son petit mouchoir; elle profita d'une si bonne occasion pour laver sa petite chaise en velours bleu.

BLANCHE.

Ah! mon Dieu, Isabelle! Que fais-tu? ta chaise est trempée.

ISABELLE.

Elle est bien propre à présent; voyez, ma tante ! Elle était très sale. Mon mouchoir, mes mains, tout est bleu.

LAURENCE.

Quelle bêtise tu fais, Isabelle! Ta jolie robe blanche est pleine de taches bleues.

ISABELLE.

Ça ne fait rien, ça ne fait rien.

NOÉMI.

Comment, ça ne fait rien! Tu vas aller bien vite mettre une autre robe et te savonner les mains. Quant à toi, Georges, tu vas aller te changer de tout, car tu es trempé de partout. Voilà ce que c'est que de se croire si fort!

LAURENCE.

Et de ne pas croire ta maman. »

Georges et Isabelle se retirèrent sans répondre et furent très mal reçus par leur bonne, qui leur avait mis leurs plus beaux habits pour la fête de leur maman.

Quand ils furent lavés et rhabillés, leur tante Laurence vint les chercher pour déjeuner avec leur mère.

LAURENCE.

A cause de la fête de votre maman, nous allons

tous prendre du chocolat. Votre papa est là aussi : nous vous attendons.

GEORGES.

Est-ce que papa ne va pas me gronder?

LAURENCE.

Non, non, sois tranquille; ta maman lui a expliqué ce qu'il était arrivé.

GEORGES.

Qu'est-ce que papa a dit?

LAURENCE.

Il a dit que c'était bien fait; que tu croyais toujours pouvoir faire comme les grandes personnes, et qu'il ne fallait pas t'écouter.

ISABELLE.

Et moi, qu'est-ce qu'il a dit?

LAURENCE.

Il a dit que tu étais une petite folle de trois ans et qu'il ne fallait pas te gronder. »

Laurence les embrassa et les emmena, très contents; la bonne seule resta de mauvaise humeur des belles toilettes perdues.

En entrant chez sa maman, Georges regarda son père d'un air craintif. Isabelle, voyant son frère intimidé, fit semblant d'avoir peur aussi, et resta près de Georges les yeux baissés.

Georges et Isabelle se retirèrent sans répondre. (Page 55).

PIERRE, *riant*.

Allons, allons, mes enfants, ne tremblez pas si fort. Vous avez fait des bêtises et des maladresses ; mais les bêtises ne sont pas des méchancetés. Venez, que je vous embrasse, et prenons notre chocolat, qui se refroidit. »

La gaieté revint subitement. Les enfants embrassèrent tout le monde ; leurs yeux brillèrent comme des escarboucles quand leurs tasses se remplirent de chocolat ; un grand silence régna jusqu'à la fin du déjeuner, et un soupir de satisfaction annonça aux parents que les petits en avaient *assez*, ce qui veut toujours dire *trop* chez les enfants.

PIERRE.

A présent, mes enfants, allez courir dans le jardin, et soyez bien sages ; toi, Isabelle, ne fais pas la blanchisseuse, et toi, Georges, ne sois pas trop fort.

— Papa, je serai bien sage, dit Georges en embrassant son père.

— Papa, je serai bien sage », dit Isabelle en embrassant aussi son père.

Et ils partirent en courant.

Le père les regardait par la fenêtre.

« Ils sont gentils, ces enfants ; très bons tous les deux. Isabelle est drôle ; elle imite

Georges en tout ce qu'il fait et ce qu'il dit.
LAURENCE.
J'espère bien que Giselle ne viendra pas troubler notre journée, aujourd'hui. »

VI

LÉONTINE DEVIENT TERRIBLE

A peine avait-elle achevé sa phrase, que Giselle ouvrit la porte.

« Ma tante, je viens vous souhaiter votre fête, dit-elle en s'avançant vers sa tante Noémi et lui présentant un magnifique bouquet.

NOÉMI.

Merci, Giselle, de ta visite et de ton bouquet. Il est superbe.

GISELLE.

Papa me l'a choisi pour remplacer les fleurs que j'ai brisées hier chez mes cousins. Et je suis bien fâchée, ma tante; je vous en demande bien pardon, ainsi qu'à mon oncle. »

Giselle embrassa sa tante et baisa la main de son oncle.

GISELLE.

C'est vous que j'ai le plus offensé, mon oncle. Je serais bien contente de vous entendre dire que vous me pardonnez.

PIERRE.

Je te pardonne de tout mon cœur, ma pauvre Giselle, et je souhaite que ton repentir soit sincère. Est-ce ta maman qui t'a envoyée, ou bien es-tu venue de toi-même? »

Giselle hésita un instant, et répondit :

« C'est maman, mon oncle; je n'aurais pas osé venir, si elle ne me l'avait dit.

NOÉMI.

Pourquoi n'aurais-tu pas osé, Giselle? Tu sais combien ton oncle est bon! Il t'a pardonné tant de fois, et il aime tant ta maman!

GISELLE.

Oui, mais il n'aime pas papa.

PIERRE.

Il ne faut pas croire cela, ma fille; je suis moins lié avec lui qu'avec ta maman, qui est ma sœur et mon amie d'enfance : mais l'aimer moins ne veut pas dire que je ne l'aime pas. N'as-tu pas aussi des excuses à faire à ta tante Laurence?

GISELLE.

Maman ne me l'a pas dit.

PIERRE.

Mais ton cœur, si tu en as un, doit te le dire. »

Giselle parut indécise; pourtant elle s'approcha de sa tante Laurence et lui dit avec une répugnance visible :

« Pardonnez-moi, ma tante.

LAURENCE.

Je te pardonne, ma pauvre fille; et que le bon Dieu te vienne en aide, pour te corriger et regagner notre affection à tous!

GISELLE.

Mon oncle, puis-je aller jouer avec Georges et Isabelle?

PIERRE.

Vas-y, ma petite, et sois sage; ne les taquine pas; songe que tu as quelques années de plus qu'eux.

GISELLE.

Je serai bien sage, mon oncle. »

Giselle sortit. Pierre regarda sa femme et ses sœurs.

PIERRE.

Que pensez-vous du repentir de Giselle? »

Noémi sourit et ne répondit pas.

Blanche voulut parler et ne dit rien.

Laurence secoua la tête et dit :

« Je ne le crois ni sincère ni profitable; elle a

obéi à Léontine parce qu'elle a vu qu'elle devait céder. Il paraît que la pauvre Léontine a eu du courage cette fois-ci, et qu'elle a maintenu la pénitence.

PIERRE.

Cette pauvre Léontine! Dans quel état je l'ai trouvée hier! Si elle pouvait continuer ce qu'elle a commencé, Giselle serait tout autre dans peu de mois.

LAURENCE.

Elle a commencé tant de fois! et jamais elle n'a persévéré. Giselle parvient toujours à faire ses volontés, et à se faire passer pour une innocente victime de notre cruauté.

NOÉMI.

Il faut dire aussi que le père est si faible pour Giselle, qu'au lieu de soutenir Léontine, il la décourage sans cesse. Avec lui, Giselle a toujours raison.

PIERRE.

Et toi, Blanche, tu ne dis rien?

BLANCHE.

Que veux-tu que je dise, mon bon Pierre? Je vois bien que vous avez tous raison; mais j'aime beaucoup Léontine, et il m'est très pénible de la blâmer. D'ailleurs, Giselle est si fausse, que.... »

Georges interrompit Blanche en ouvrant brusquement la porte.

GEORGES.

Papa, papa, venez vite, s'il vous plaît; toute l'eau s'en va; nous ne pouvons pas fermer le robinet.

PIERRE.

Quel robinet? Comment est-il ouvert?

GEORGES.

Le robinet du jardin, papa; Giselle l'a ouvert; elle ne peut plus le fermer.

PIERRE.

Ta bonne n'est donc pas avec vous?

GEORGES.

Si, papa; mais elle a emmené Isabelle pour lui mettre d'autres bas; ils sont tout mouillés.

PIERRE.

Giselle fait des siennes, à ce que je vois.

LAURENCE.

Comme toujours; elle ne fait que cela. »

Pierre sortit précipitamment avec Georges, qui courut en avant; quand ils arrivèrent au robinet que M. de Néri avait fait placer pour arroser les fleurs du jardin, le chemin était inondé. Giselle cherchait à tourner le robinet; elle l'avait ouvert avec peine; mais l'eau la gênait pour le fermer; elle coulait toujours aussi abondamment.

M. de Néri le tourna sans difficulté.

M. DE NÉRI.

Pourquoi as-tu ouvert ce robinet, Giselle? Tu sais que je l'avais défendu.

GISELLE.

Ce n'est pas moi, mon oncle; c'est Georges.

GEORGES.

Non : c'est toi qui as voulu.

GISELLE.

C'est pour t'aider, parce que tu le voulais.

GEORGES.

Ce n'est pas vrai. J'ai dit : « Papa défend » ; tu as dit : « Ça ne fait rien ; il ne saura pas ».

GISELLE.

Tu es un menteur. Tu dis ça pour me faire gronder par mon oncle.

GEORGES.

Non, je ne suis pas un menteur; c'est toi qui es une méchante. Papa, ce n'est pas moi, c'est Giselle qui ment.

M. DE NÉRI.

Giselle, tu as fait une sottise; au lieu de l'avouer, tu fais un mensonge et une méchanceté; je ne veux pas que tu restes ici : va-t'en chez toi. »

Giselle devint rouge; ses yeux étincelaient de colère; elle fut sur le point de répondre avec emportement; mais elle n'osa pas. Elle partit sans dire mot, et alla chercher sa bonne.

LA BONNE.

Vous voilà déjà prête à partir, Mademoiselle

Giselle cherchait à tourner le robinet. (Page 65.)

Giselle? Je croyais que vous deviez rester longtemps.
GISELLE, *sèchement*.

J'aime mieux voir maman.
LA BONNE.

Partons, alors; vous avez eu quelque mauvaise affaire, à ce que je vois.
GISELLE.

Je n'ai rien eu du tout, et je vous prie de ne pas inventer des histoires pour me faire encore gronder.
LA BONNE.

Mon Dieu, Mademoiselle Giselle, je n'invente rien du tout; je ne sais pas pourquoi vous vous mettez en colère. »

Giselle ne répondit pas et se mit en route, suivie de sa bonne, qui avait bien envie de se moquer de l'air furieux de Giselle, mais qui n'osa pas, de peur de la mécontenter et de perdre sa place. Il y avait eu déjà huit bonnes renvoyées par suite des plaintes de cet ange de douceur, et, comme nous le savons déjà, la bonne avait sa mère à soutenir et sa vie à gagner.

M. de Néri ramena Georges à sa bonne; elle achevait d'habiller Isabelle, et avait beaucoup d'humeur de ces toilettes toujours à recommencer.
M. DE NÉRI.

Annette, comment Isabelle s'est-elle mouillée

ainsi, et pourquoi les avez-vous laissés jouer avec de l'eau?

LA BONNE.

Monsieur sait bien que Mlle Giselle était là; avec elle, Monsieur doit savoir que tout va à l'envers, il n'est pas possible de se faire obéir : elle vous lance des sottises, et puis elle entraîne les enfants, qu'elle pousse à faire mal.

M. DE NÉRI.

Giselle prétend que c'est Georges qui a voulu ouvrir le robinet du réservoir.

LA BONNE.

En voilà une fameuse invention! Je pense bien que Monsieur n'y croit pas.

M. DE NÉRI.

Non certainement, parce que je sais que mon petit Georges ne ment jamais et que Giselle ment sans cesse. Tu vois, Georges, l'avantage de ne pas mentir; on te croit toujours, et tu n'es jamais puni injustement.

GEORGES.

Oui, papa, je suis très content; je ne mentirai jamais.

ISABELLE.

Oui, papa, très content; mentirai jamais.

M. DE NÉRI.

C'est bien, c'est bien, perroquette; tu ne sais seulement pas ce que c'est que mentir.

ISABELLE.

Oui, je sais. Mentir, c'est dire non. »

M. de Néri se mit à rire, embrassa Isabelle et Georges, et retourna chez sa femme et ses sœurs, auxquelles il raconta ce qui s'était passé. Ils se séparèrent pour aller faire leur toilette.

Giselle était rentrée; elle alla chez sa mère.

« Ma bonne petite maman, dit-elle en l'embrassant à plusieurs reprises, j'ai demandé pardon à mon oncle, à mes tantes, comme vous me l'aviez ordonné, mais je crains qu'ils ne m'aient point pardonnée.

LÉONTINE.

Pourquoi penses-tu cela, mon amour? Ton oncle a été très bon pour toi hier.

GISELLE, *tristement*.

Oui, maman; devant vous il est bon, parce qu'il craint de vous faire de la peine; mais quand je suis seule, il me parle et il me regarde si sévèrement, que cela me fait peur. Tous là-bas sont sévères pour moi, j'en suis bien triste. Tout à l'heure encore, j'ai aidé Georges à tourner un robinet pour remplir son petit arrosoir; Isabelle s'est mouillée, en se mettant trop près du robinet; mon oncle a cru que je l'avais fait mouiller par méchanceté et il m'a renvoyée. Ce sont eux qui mentent et on croit que c'est moi.

LÉONTINE.

Ma pauvre petite chérie! Ton oncle ne croit pas encore que tu sois corrigée; mais je lui parlerai; sois tranquille, ne te chagrine pas. »

Giselle fit semblant de pleurer.

LÉONTINE.

Ne pleure pas, mon amour, ne pleure pas, je t'en prie.

GISELLE, *sanglotant*.

Mon oncle ne vous croira pas; il vous dira que j'ai été méchante; vous le croirez, et vous me gronderez. Je suis si malheureuse quand vous me grondez! Je vous aime tant, ma chère petite maman! »

Giselle sanglota de plus belle; Léontine était désolée; elle l'embrassait, la serrait contre son cœur, l'appelait son cher ange, son cher amour; enfin, elle lui promit de la croire, de ne pas écouter son oncle ni ses tantes, et de l'aimer comme auparavant.

Cette promesse arrêta le prétendu désespoir et les larmes feintes de Giselle; elle embrassa sa mère et lui demanda une récompense pour lui avoir si bien obéi en demandant pardon à son oncle.

LÉONTINE.

Quelle récompense veux-tu, ma petite chérie?

GISELLE.

Je veux que vous donniez un bal pour m'amuser.

LÉONTINE.

Un bal! Mais, ma chère petite bien-aimée, tu es trop jeune pour aller au bal!

GISELLE.

Non, je ne suis pas trop jeune; ma tante de Morlaix a dit l'autre jour qu'elle allait au bal à douze ans et qu'on l'admirait beaucoup.

LÉONTINE.

D'abord, douze ans c'est plus âgé que toi qui en as dix. Et puis, ta tante le disait pour prouver qu'elle avait été très mal élevée et qu'elle était ignorante, parce qu'elle n'avait pas eu le temps d'apprendre.

GISELLE.

Mais moi, je sais déjà beaucoup de choses; et puis, je ne vous demande pas un bal tous les jours, seulement une fois, ma bonne chère maman; vous seriez si bonne, je vous aimerais tant.

LÉONTINE.

Ma pauvre petite, comment veux-tu que je donne un bal? Et que dirait papa? Et pour quelle raison donnerais-je un bal?

GISELLE.

Pour me faire plaisir, ma bonne petite maman. Est-ce que vous ne voulez pas faire plaisir à votre pauvre Giselle?

Quant à papa, il ne dira rien, si vous me laissez faire ; je le câlinerai, je le supplierai, il voudra bien, j'en suis sûre. Voyons, petite mère, est-ce oui ?

LÉONTINE.

Pas encore, mon enfant chérie, pas encore ; laisse-moi réfléchir et en parler à... à... à des amis.

GISELLE.

A des amis ? c'est-à-dire à mon oncle Pierre et à cette vieille tête de gazon, M. Tocambel, répliqua Giselle en s'éloignant de sa mère et en fronçant le sourcil. Si vous leur en parlez, ils diront non, exprès pour me contrarier.

LÉONTINE.

Ne crois donc pas cela, mon amour; ils t'aiment beaucoup et....

GISELLE, *avec colère, tapant du pied*.

Je vous dis que non; ils ne m'aiment pas; je le vois, je le sais. Et si vous leur en parlez, je ne vous aimerai pas non plus; vous verrez ça.

LÉONTINE.

Giselle, Giselle, quelle peine tu me fais, en me parlant ainsi !

GISELLE.

Ah bah! si je vous faisais de la peine, vous m'écouteriez et vous donneriez un bal pour me faire plaisir.

LÉONTINE.

Je ne peux pas, mon enfant; crois moi, je ne peux pas. »

La porte s'entr'ouvrit, M. de Gerville parut.

« Qu'est-ce qu'il y a donc? Pourquoi mon cher amour de fille est-elle toute triste? Et vous, Léontine, vous avez l'air fâché. Est-ce que vous grondez ma Giselle, par hasard? ajouta-t-il en prenant un air sévère.

LÉONTINE.

Non, Victor, pas du tout; seulement je lui disais que... que....

GISELLE, *se jetant dans les bras de son père.*

Oui, papa, mon cher papa. Maman me gronde parce que j'ai envie de danser, que je lui demande de donner un bal, un tout petit bal pour m'amuser.

— Un bal! reprit M. de Gerville avec surprise.

LÉONTINE.

Oui, mon ami, elle me demande un bal. Comment voulez-vous que je donne un bal? Pour qui et pourquoi? A quoi cela ressemblerait-il? ce sera tout à fait ridicule! Un bal à la fin du printemps, quand personne n'en donne plus.

M. DE GERVILLE.

Oh! ce ne serait pas une raison; seulement, Giselle est bien jeune....

LÉONTINE.

C'est ce que je lui disais tout justement. A son âge il faut travailler.

M. DE GERVILLE.

Il est certain, cependant, qu'on ne peut pas toujours travailler; il faut qu'elle s'amuse quelquefois. »

Giselle lui serre la main.

LÉONTINE.

Mais vous savez, Victor, qu'un bal coûte très cher; que nous sommes un peu gênés, à cause de ce terrain que vous avez acheté et fait arranger en jardin, pour que Giselle ait de quoi s'amuser.

M. DE GERVILLE.

Oh! ceci pourrait s'arranger; un bal d'enfants ne coûte déjà pas si cher! »

Giselle lui baise la main.

LÉONTINE.

Mais, mon ami, que diraient ma famille et mes amis de cette folie? car c'en serait une.

M. DE GERVILLE.

Parbleu! ils diraient ce qu'ils voudraient! Je me moque pas mal de leur approbation! Faut-il leur demander des permissions? N'avons-nous pas le droit de faire ce que nous voulons? »

Giselle se jette à son cou, et l'embrasse avec tendresse en répétant :

« Mon bon, mon cher petit père, c'est vous qui m'aimez; aussi je vous aime, je vous aime de toutes mes forces!

LÉONTINE, *avec tristesse.*

Et moi, ma Giselle? Est-ce que tu ne m'aimes pas autant que tu aimes papa? »

Giselle, toujours attachée au cou de son père, jeta un regard froid et sec sur sa mère, se serra de nouveau contre son père et dit :

« J'aime papa, mon bon, mon cher papa. »

Et elle resta la tête appuyée sur l'épaule de son père, l'encourageant, de temps à autre, d'un baiser ou d'une caresse.

LÉONTINE.

Je vous en prie, Victor, ne promettez rien à Giselle avant que j'aie consulté quelques amis.

M. DE GERVILLE.

Qui voulez-vous consulter?

LÉONTINE.

D'abord, j'en parlerai à mon frère....

GISELLE, *bas à son père.*

Oh, papa! Mon oncle qui me déteste!

M. DE GERVILLE.

L'avis de votre frère n'est rien pour moi.

LÉONTINE.

Ensuite à mon vieil ami Tocambel.

GISELLE, *de même.*

Celui-là est encore pis que mon oncle.

M. DE GERVILLE.

Ce vieux fou, presque en enfance! Ensuite?

LÉONTINE.

Ensuite, à ma tante de Monclair.

M. DE GERVILLE, *riant*.

Voilà un conseil bien choisi! Un enragé, un fou et une folle. Ha, ha, ha! »

Giselle rit aussi avec affectation : « Ha, ha, ha! »

LÉONTINE.

Giselle, je te prie de ne pas rire de ce que je dis; c'est très impertinent, et je te prie de te taire.

GISELLE.

Papa rit si bien. Je fais comme mon cher bien-aimé papa. C'est si drôle ce que vous dites. Ha, ha, ha!

LÉONTINE.

Giselle, va dans ta chambre, et sois assurée que tu n'auras pas de bal.

GISELLE.

Je l'aurai si mon excellent et cher papa veut bien m'en donner un. Il est si bon! je l'aime tant!

LÉONTINE.

Victor vous voyez le mal que vous faites, par votre trop grande bonté pour cette enfant. Ah! Pierre et mon vieil ami avaient bien raison! Nous la gâtons et nous la perdons. Je vous en prie, Victor, faites-la obéir; qu'elle sorte. »

M. de Gerville, après quelque hésitation, se leva et voulut poser Giselle à terre pour la renvoyer. Mais Giselle, s'accrochant à lui, l'embrassa, pleura, supplia tant et tant, qu'il finit par se rasseoir avec Giselle sur ses genoux.

LÉONTINE.

Giselle, tu as entendu ce que je t'ai dit. Sors, et va dans ta chambre.

GISELLE.

Papa, papa, au secours! »

Léontine se leva, parla bas à son mari, prit Giselle qui commençait à s'effrayer de la fermeté de sa mère, l'entraîna loin de son père, et la mena jusque dans la chambre de sa bonne.

« Gardez cette méchante enfant, dit Léontine, et faites-la travailler... si vous pouvez », ajouta-t-elle à mi-voix.

Léontine rentra dans sa chambre; son mari était triste et pensif. Léontine s'assit près de lui.

« Victor, lui dit-elle, vous avez fait comme moi, mon ami, vous avez faibli; mais j'ai été soutenue, au moment où je faiblissais, par le souvenir de mon frère, de notre ami dévoué Tocambel, et de leurs sages conseils. Cher Victor, nous perdons notre pauvre Giselle par trop d'amour et de faiblesse; nous préparons son malheur et le nôtre. O Victor, je t'en supplie, écoute-moi, aide-moi, soutiens mon courage au lieu de l'affaiblir; retiens-moi quand je faiblis, résiste aux volontés de Giselle, et tous deux écoutons les sages conseils de nos meilleurs amis. »

Victor serra sa femme dans ses bras.

« Je tâcherai, dit-il, je te le promets, mon amie; je tâcherai. Où est-elle, cette chère petite? Elle se désole sans doute.

LÉONTINE.

Non, elle est tranquille; elle a senti qu'elle devait céder. Laissons-la déjeuner dans sa chambre....

VICTOR.

Pas avec nous? Pauvre enfant! Comme tu deviens sévère, Léontine!

LÉONTINE.

Mon ami, elle m'a gravement manqué! elle a été franchement impertinente, et c'est même ce qui m'a donné du courage... contre elle et contre toi », ajouta Léontine en souriant.

Un domestique vint annoncer qu'on était servi. Ils déjeunèrent sans Giselle.

VII

GISELLE TOUJOURS CHARMANTE

Dans l'après-midi, pendant que Giselle se promenait avec sa bonne aux Champs-Élysées, qu'elle taquinait les enfants avec lesquels elle jouait, et les bonnes de ces enfants, Léontine alla embrasser Pierre, Noémi et ses sœurs, et leur raconta son courage du matin et la demi-faiblesse qui avait précédé cette force extraordinaire.

Pierre et ses sœurs lui en firent leurs sincères compliments.

« Ce qui est assez singulier, dit Pierre, c'est que pendant que tu refusais ce bal que te demandait Giselle, nous arrangions, Noémi, tes sœurs et moi, une petite matinée dans le jardin pour nos enfants et pour ceux de la famille et de nos amis qui sont encore à Paris. Nous ferons venir Guignole avec son Polichinelle; ensuite, on tirera une loterie; on dansera, on sautera; puis on goûtera ou plutôt on dînera à six heures, et tout sera fini à huit heures. Tu vois, ma bonne Léontine, que ton courage est récompensé, puisque tu n'auras pas cédé à Giselle et que pourtant tu lui accorderas le plaisir qu'elle demande en l'amenant chez nous.

LÉONTINE.

Que je te remercie, mon bon Pierre! quelle joie tu me donnes, et quel bien cette leçon va faire à Giselle!

PIERRE.

Pour la rendre plus complète, je t'engage à ne pas lui en parler tout de suite! et même, quand elle connaîtra mon projet de fête, tu lui refuseras d'abord de l'y amener, à cause de son impertinence envers toi.

LÉONTINE.

Et bien mieux, je ne céderai qu'au dernier jour à tes sollicitations pressantes.

NOÉMI.

Et aux nôtres, à mes sœurs et à moi, pour qu'elle change d'idée sur les sentiments que nous avons pour elle.

LÉONTINE.

Je te remercie, Noémi, et vous tous, mes chers, mes vrais amis. »

Quand Léontine rentra chez elle, elle alla chercher Giselle, qu'elle trouva boudant dans un coin et refusant le travail que voulait lui faire faire sa bonne.

LÉONTINE.

Giselle, as-tu réfléchi, ma chère enfant, à ta conduite envers moi?

GISELLE.

Non, je n'en ai pas eu le temps.

LÉONTINE.

Il ne faut pas longtemps pour comprendre qu'on a mal fait et pour le regretter.

GISELLE.

Je n'ai pas mal fait. Ce n'est pas mal d'aimer papa et de le lui dire.

LÉONTINE.

Non, c'est au contraire très bien....

GISELLE.

Alors pourquoi me grondez-vous?

LÉONTINE.

Je ne te gronde pas, mon enfant, je te parle. Ce qui est mal, c'est d'avoir l'air de ne plus m'aimer, de n'aimer que papa, de se moquer de ce que je dis, en un mot, d'être impertinente avec moi. Voilà ce qui est mal.

GISELLE.

Vous me refusez ce qui m'amuse; papa veut bien me l'accorder, et vous l'en empêchez. Croyez-vous que ce soit agréable?

LÉONTINE.

Non, ce n'est pas agréable; mais ce n'est pas une raison pour être impertinente envers moi, qui t'aime tant et qui cherche toutes les occasions de te le prouver.

GISELLE.

Oui, joliment! En me grondant et en me punissant.

LÉONTINE.

Ma pauvre Giselle, tu as encore de l'humeur, tu ne sais ce que tu dis.

GISELLE.

Je crois bien que j'ai de l'humeur! ma bonne n'a fait que me gronder tout le temps de la promenade. »

Léontine, enchantée de donner une satisfaction quelconque à Giselle, se retourna vers la bonne.

LÉONTINE.

Pourquoi, Émilie, grondez-vous Giselle? Elle a pourtant été assez punie pour que vous la laissiez tranquille pendant sa promenade.

LA BONNE.

Mon Dieu, Madame, je ne pouvais pas faire autrement; elle s'amusait à courir après toutes les balles des enfants et à les jeter dans les massifs entourés, dans lesquels Madame sait qu'il est défendu d'entrer; de sorte que tous ces pauvres enfants pleuraient et criaient de tous les côtés; les bonnes étaient furieuses; elles me tombaient sur le dos; je ne pouvais pourtant pas la laisser continuer; on avait été chercher des sergents de ville; Madame pense l'esclandre que cela aurait fait, de voir Giselle emmenée au poste par les sergents de ville.

LÉONTINE.

Vous auriez pu la mener plus loin.

LA BONNE.

C'est ce que j'ai fait, Madame, malgré ses injures et sa résistance; mais plus loin elle a recommencé un autre jeu; elle enlevait et lançait au loin les chapeaux des enfants qui se trouvaient à quelque distance de leurs bonnes; les enfants couraient après leurs chapeaux, les bonnes couraient après leurs enfants, Giselle reprenait les chapeaux pour les lancer plus loin. Madame juge du désordre, des cris, et puis des reproches que j'avais à subir. Il a bien fallu gronder Mlle Giselle et l'emmener encore plus loin. Arrivée près des fontaines, la voilà qui imagine de puiser de l'eau avec sa main et d'en jeter sur les passants; un monsieur qui en avait reçu deux fois dans la figure, s'est fâché; il a saisi l'oreille de Mademoiselle et la lui a secouée à me faire peur; je croyais que l'oreille allait lui rester dans la main. Mlle Giselle a crié pendant un quart d'heure; il s'est formé un rassemblement autour de nous; c'est ce qui fait que j'ai abrégé la promenade et que je l'ai ramenée à la maison.

LÉONTINE.

Oh, Giselle! ce n'est pas gentil ce que tu as fait là, ma petite chérie. Et puis, c'est dangereux, comme tu vois. Il y a des gens qui sont si méchants, qui ne comprennent pas la moindre plaisanterie et qui se fâchent pour un rien.

GISELLE.

C'est vrai, ça! Une autre fois je ne jouerai des tours qu'aux enfants très jeunes; ceux-là du moins ne se défendent pas. Et les bonnes s'amusent à causer entre elles; elles ne regardent pas aux enfants.

LÉONTINE.

Joue le moins de tours possible, ma pauvre petite : les enfants se plaindraient à leurs bonnes, à leurs mamans, et personne ne voudrait plus jouer avec toi. Viens à présent travailler dans ma chambre; tu n'as encore rien fait aujourd'hui!

GISELLE, *bâillant*.

C'est si ennuyeux de travailler! Et cette femme

« Il a saisi l'oreille de Mademoiselle. »

qui vient me donner des leçons est si ennuyeuse, si bête! Elle gronde toujours.

LÉONTINE.

Parce que tu ne fais pas grand'chose, ma chère petite: ta maîtresse craint qu'on ne l'accuse de te donner de mauvaises leçons si tu ne travailles pas et si tu ne fais aucuns progrès.

GISELLE.

Qu'est-ce que cela lui fait?

LÉONTINE.

Cela lui fait du tort; elle n'aurait plus autant d'élèves, et elle n'aurait plus de quoi vivre.

GISELLE.

Ah! cela lui ferait du tort! Alors, quand elle m'ennuiera, je ne ferai rien de bien, elle sera furieuse; ce sera très amusant.

LÉONTINE.

Ce sera fort triste, parce que ce sera très méchant de ta part. Mais tu ne le feras pas, j'en suis bien sûre; ton bon cœur sera plus fort que l'ennui de ta leçon.

GISELLE.

Vous verrez, vous verrez.

LÉONTINE.

Allons, viens, ma Giselle; Mlle Tomme doit être arrivée. »

Léontine sortit, emmenant Giselle qui se

faisait un peu traîner. Mlle Tomme attendait son élève; tout était prêt pour commencer la leçon.

VIII

LEÇON DE MADEMOISELLE TOMME

A peine Giselle s'était-elle mise au travail, que M. Tocambel et la tante Monclair vinrent voir Léontine.

MADAME DE MONCLAIR.

Bonjour, Léontine. Bonjour, petite; tu travailles? que je ne vous dérange pas. Mademoiselle Tomme, continuez comme si je n'y étais pas. Et vous, père Toc, allez causer avec Léontine; je vous rejoindrai tout à l'heure.

LÉONTINE.

Mais, ma tante,... j'aurais peur....

MADAME DE MONCLAIR.

Quoi? De quoi as-tu peur? Ce n'est pas de mon

grand savoir; Giselle est persuadée que je suis une vraie cruche d'ignorance. Va-t'en, va-t'en; laisse-nous travailler. Commencez, Mademoiselle Tomme, ne les écoutez pas. Et vous autres, allez-vous-en. »

M. Tocambel et Léontine sortirent; Mlle Tomme commença.

« Mademoiselle Giselle, nous allons faire une petite répétition de la semaine passée. Prenons l'histoire de France, et puis l'histoire sainte.

« Comment appelez-vous le premier roi de France?

GISELLE.

Ce n'est pas difficile. C'est PHARAON.

MADAME DE MONCLAIR.

Comment, Pharaon? Tu veux dire PHARAMOND.

GISELLE, *avec assurance*.

Non, ma tante; Mlle Tomme m'a dit que c'était *Pharaon*.

MADEMOISELLE TOMME.

Oh! Mademoiselle Giselle! vous savez que c'est *Pharamond*. Dites-moi qui était *Pharaon*.

GISELLE.

Pharaon premier était roi de France et de Navarre; il est vrai qu'il y a eu un autre Pharaon qui pêchait des poissons rouges dans un grand étang où il s'est noyé en se penchant par la fenêtre.

MADEMOISELLE TOMME, *indignée.*

Oh! oh! Mademoiselle Giselle! Devant votre tante!

GISELLE, *d'un air innocent.*

Je dis ce que vous m'avez appris! Quoi? Que faut-il dire? Je ne sais pas, moi.

MADAME DE MONCLAIR.

Ha, ha, ha! C'est très joli! Je vois que tu es encore plus forte que moi, comme ignorance. Laissons la France, Mademoiselle Tomme, et passons à l'histoire sainte.

MADEMOISELLE TOMME, *très mortifiée.*

Je ne sais pas ce qui prend à Mlle Giselle; elle savait tout cela sur le bout des doigts jusqu'à Charles IX.

GISELLE.

Ah oui! Je sais très bien! Le Charles qui a passé devant la barrière de grand-père quand il s'est en allé en Angleterre; M. Tocambel y était, je crois. Et vous aussi, ma tante, n'est-ce pas?

MADAME DE MONCLAIR, *riant.*

Ha, ha, ha! Passe à Adam et Ève, ma fille. Je vais t'interroger, moi! Comment s'appelait le fils d'ABRAHAM?

GISELLE, *réfléchissant.*

Le fils d'Abraham!... Ah oui; je sais. C'était Noé.

MADAME DE MONCLAIR,
riant de plus en plus fort.

De mieux en mieux. Et qui était Isaac?

GISELLE.

Isaac! C'était un vieux juif qui achetait et vendait toutes sortes de choses.

MADAME DE MONCLAIR.

Bravo! Laissez donc, Mademoiselle Tomme. Cela va très bien. Qu'est devenu Joseph, le fils de Jacob?

GISELLE.

Joseph? Je crois qu'il a été tué par les Juifs parce qu'il a donné un tombeau pour ensevelir Notre-Seigneur Jésus-Christ.

MADAME DE MONCLAIR, *se levant.*

Très bien, ma fille, très bien. Tu es forte sur l'histoire sainte. Mademoiselle Tomme, vous avez une élève qui vous fait honneur; si vous en avez plusieurs de cette force, elles vous feront une réputation dans le monde savant. Ha, ha, ha! très joli! très amusant! »

Mme de Monclair quitta Giselle et entra au salon riant de toutes ses forces, tandis que Mlle Tomme, interdite et désolée, se mit à pleurer en face de Giselle, radieuse du tour qu'elle avait joué à la pauvre maîtresse, dont les leçons l'ennuyaient.

M. TOCAMBEL.

Pourquoi riez-vous donc si fort, baronne? Qu'avez-vous entendu de si drôle?

MADAME DE MONCLAIR.

Ha, ha, ha! Si vous saviez! Ha, ha, ha! Quel dommage que vous n'ayez pas été là! Une répétition, ha, ha, ha! comme vous n'en avez jamais entendu, mon bon père Toc.

LÉONTINE.

Est-ce que Giselle n'a pas bien répondu?

MADAME DE MONCLAIR.

Parfaitement! Admirablement! *Pharaon* premier roi de France! *Charles IX* qui a passé il y a trente-six ans devant la barrière de ton père! *Abraham*, père de Noé! *Isaac*, vieux juif revendeur d'occasion! *Joseph* qui a donné un tombeau pour ensevelir Notre-Seigneur! Ha, ha, ha! je n'avais jamais entendu chose pareille! Bon Dieu! quelle instruction! quelle élève! »

Mme de Monclair se leva.

« Il faut que je te quitte, Léontine : ma fille m'attend.

LÉONTINE.

De grâce, ma tante, ne dites rien, ne racontez rien de ce que vous a dit Giselle; vous feriez un tort sérieux à Giselle et à la pauvre Mlle Tomme.

MADAME DE MONCLAIR.

Ah! cette pauvre Tomme! Était-elle vexée!

C'est sa faute aussi; pourquoi n'apprend-elle rien à Giselle? Ha, ha, ha! Une fille de dix ans qui répond tout ce qu'elle a répondu. Mais sois tranquille, je n'en parlerai pas; elle perdrait ses moyens d'existence. La méthode doit être fameuse! Ah bien! ce n'est pas moi qui recommanderai la pauvre Tomme!

M. TOCAMBEL.

Attendez, baronne, attendez. Laissez-moi entrer là dedans pour éclaircir ce mystère. Cette pauvre Tomme, comme vous l'appelez, est une personne fort instruite; je le sais, j'en suis certain. Il y a quelque chose là-dessous. »

M. Tocambel entra dans la chambre de Léontine, où travaillait Giselle, et en ferma la porte. Mme de Monclair se mit à la porte et y colla son oreille, riant encore et espérant entendre quelque chose d'amusant. Léontine resta dans son fauteuil, pensive et triste; elle craignait de trop bien deviner la cause de la gaieté de sa tante et de la prétendue ignorance de Giselle. La peur de voir ses craintes vérifiées l'attristait profondément.

« Mon Dieu! se disait-elle, Giselle serait-elle réellement méchante? Ou bien n'est-ce qu'un enfantillage, une plaisanterie dont elle n'a pas prévu les conséquences pour Mlle Tomme? »

Mme de Monclair ne riait plus; elle écoutait

encore; enfin elle quitta son poste et revint s'asseoir près de sa nièce; sa gaieté avait disparu.

« Léontine, dit-elle très sérieusement, prépare-toi à gronder Giselle; elle a répondu tout de travers pour jouer un tour à sa maîtresse, dont les leçons l'ennuient. La pauvre Tomme pleure; Giselle rit; le père Toc gronde. Tu es faible, toi; mais pour le coup, il faut que tu grondes; c'est méchant ce qu'a fait ta fille. Pas de grâce pour les méchancetés.

LÉONTINE, *agitée*.

Giselle est si jeune, ma bonne tante! elle n'a pas réfléchi que cette plaisanterie pouvait faire tort à sa maîtresse. Vous savez que les enfants aiment à rire et à faire rire. Elle aura voulu vous amuser.

MADAME DE MONCLAIR.

Léontine, prends garde! Ne te laisse pas aller à ta trop grande indulgence! Gronde et punis quand il le faut. Les voici qui viennent. Je veux voir comment tu t'en tireras. »

M. Tocambel ouvrit la porte.

« Passez, Mademoiselle Tomme. Parlez à Mme de Gerville.

MADEMOISELLE TOMME.

Madame, permettez-moi d'expliquer devant Mme votre tante ce qui s'est passé.

MADAME DE MONCLAIR.

Ce n'est pas nécessaire, ma pauvre demoiselle ; je comprends à présent, et ma nièce comprend aussi. Giselle vous a fait une malice que j'appelle une méchanceté, et vous avez peur que je ne dise partout que vous êtes une ignorante. C'est cela, n'est-il pas vrai ?

MADEMOISELLE TOMME

Je crois que oui, Madame ; seulement je me permettrai d'ajouter que je demande de cesser mes leçons à Mlle Giselle ; je les crois inutiles pour elle et fâcheuses pour moi.

MADAME DE MONCLAIR.

Vous avez raison, ma chère demoiselle ; Giselle n'apprendra jamais rien, et vous ne gagnerez jamais rien avec cette petite. Parle donc, Léontine. Tiens, regarde dans la glace la figure que tu fais. Pâle et triste comme une condamnée à mort ! Voyons, courage ! Approche, Giselle.

LÉONTINE.

Mademoiselle, pardonnez, je vous prie, une espièglerie que Giselle ne recommencera pas, je vous assure. Giselle, viens faire des excuses à Mlle Tomme qui est toujours si bonne pour toi, et promets-lui d'être à l'avenir bien sage et bien appliquée à tes leçons. »

« Mlle Tomme pleure; Giselle rit; le père Toc gronde. » (Page 97).

Giselle s'approcha.

GISELLE, *avec une feinte humilité.*

Mademoiselle, je vous promets d'être à l'avenir bien sage et bien appliquée à mes leçons.

MADEMOISELLE TOMME.

C'est possible, Mademoiselle Giselle, mais ce ne seront pas les miennes, car je répète que je ne vous les continuerai pas.

MADAME DE MONCLAIR.

Vous avez bien raison, ma pauvre Tomme; à votre place j'en ferais autant. Allez, allez, ma pauvre enfant; je vous aurai d'autres élèves, soyez tranquille. »

Mlle Tomme remercia, salua et sortit.

Léontine sentit qu'elle avait eu tort de diminuer la faute de sa fille devant elle.

« Giselle, dit-elle sévèrement devant Mlle Tomme, j'ai cherché à t'excuser, mais devant ma tante et notre ami je te dis que je suis très mécontente de toi; je vois parfaitement que tu as mis de la malice dans les réponses que tu as faites devant ta tante, car je venais de te dire que ton ignorance ferait tort à Mlle Tomme. Tu mérites une punition sévère et tu l'auras. Nous devions tous dîner chez ton oncle Pierre pour la fête de ta tante : tu resteras à la maison, seule avec ta bonne. Va dans ta chambre; tu m'as fait beaucoup de peine, j'espère que tu y réfléchiras quand tu seras seule, et que tu le regretteras. »

Giselle n'osa pas résister devant sa tante et devant M. Tocambel; elle comprit que la soumission était le seul moyen de diminuer sa faute à leurs yeux, et elle obéit à sa mère sans hésiter.

Léontine se jeta dans son fauteuil et pleura.

MADAME DE MONCLAIR, *l'embrassant*.

Allons, allons, ma fille, ne t'afflige pas; c'est très bien. Tu avais mal commencé, tu as bien fini. Elle a bien parlé, n'est-ce pas, mon ami? ajouta-t-elle en s'adressant à M. Tocambel. Dites-le-lui donc; vous êtes là comme une statue. Encouragez-la; faites comme moi.

M. TOCAMBEL.

Ma bonne amie, si je ne parle pas, c'est que vous avez tout dit et très bien dit. Le chagrin de Léontine me fait peine à voir. Mais, ma pauvre enfant, consolez-vous; vous avez bien agi dans l'intérêt de votre enfant. En continuant ainsi, vous la corrigerez de ses défauts, et vous serez heureuse de la voir devenir aussi bonne qu'elle est jolie.

LÉONTINE.

Merci, mon ami; vos dernières paroles me vont au cœur.

MADAME DE MONCLAIR.

Allons, ma petite, je m'en vais pour le coup. Au revoir chez Pierre à dîner. Ne nous apporte pas une figure d'enterrement. Père Toc, consolez-la. Entendez-vous bien? si vous nous l'amenez triste et les yeux bouffis, je m'en prendrai à vous et à votre gazon. Et toi, Léontine, sois sage, ma petite; et pense que ta fille sera un amour si tu le veux. Adieu. »

Mme de Monclair disparut; M. Tocambel resta, causa avec Léontine et fit si bien qu'il la laissa faire sa toilette entièrement consolée.

« Je vous attendrai chez Victor, lui dit-il; je le mettrai au courant et je l'empêcherai de défaire votre ouvrage. »

Quand Léontine eut achevé sa toilette, elle voulut aller voir Giselle; mais elle ne la trouva pas dans sa chambre.

LA BONNE.

Mademoiselle est chez Monsieur, qui est venu la chercher il y a un quart d'heure, Madame.

LÉONTINE.

A-t-elle beaucoup pleuré, la pauvre enfant?

LA BONNE.

Pas du tout, Madame; elle m'a demandé de faire un savonnage pour sa poupée; elle paraissait fort gaie. Est-ce que Madame l'a grondée?

LÉONTINE.

Je l'ai grondée et punie; elle dînera ici, au lieu d'aller dîner avec moi chez mon frère.

LA BONNE.

C'est donc pour cela qu'elle me disait de commander son dîner au cuisinier parce qu'elle s'ennuyait chez son oncle, qu'elle préférait dîner ici et jouer avec sa poupée; elle m'a demandé de faire à la poupée une casaque d'été; je vais la finir tout à l'heure.

LÉONTINE.

Je vous remercie pour elle, Émilie; vous êtes toujours très complaisante pour ma pauvre Giselle. Et à propos de casaque d'été, voici vingt francs pour en acheter une pour vous-même.

LA BONNE.

Je remercie bien Madame de toutes ses bontés. Madame peut compter que je ferai toujours pour Mlle Giselle tout ce que je pourrai pour la contenter. »

Léontine alla chercher Giselle chez son mari; elle la trouva sur les genoux de son père. M. Tocambel feuilletait un livre.

« Je vous attends, ma chère enfant, pour vous mener chez Pierre, dit-il en se levant.

LÉONTINE.

Et vous, Victor, est-ce que vous ne venez pas? Vous n'êtes pas encore habillé!

M. DE GERVILLE, *avec embarras.*

Non, je reste à la maison; j'ai mal à la tête, je suis fatigué. Excusez-moi auprès de Noémi et de Pierre.

LÉONTINE.

Mais, Victor, ce ne sera pas aimable pour Pierre, qui nous réunit tous pour la fête de Noémi.

M. DE GERVILLE, *avec humeur.*

Pas tous, puisque Giselle n'y va pas.

LÉONTINE.

M. Tocambel a dû vous dire que Giselle avait mérité d'être punie....

M. DE GERVILLE.

Oui, oui, il me l'a dit; mais comme je ne veux pas que Giselle soit à l'abandon avec les domestiques, je reste avec elle.

LÉONTINE.

Victor, je vous assure que Giselle....

M. DE GERVILLE.

C'est bien; je sais ce que vous allez dire. Mais je considère comme un devoir de ne pas négliger à ce point son enfant, et je veux rester à la maison afin de veiller sur elle.

GISELLE.

Merci, mon bon cher papa; avec vous je suis toujours sage et heureuse, et avec les autres, je ne sais pas pourquoi, je m'ennuie et je fais des bêtises ; et on croit que ce sont des méchancetés, comme tantôt avec Mlle Tomme, que j'aime beaucoup, pourtant.

M. TOCAMBEL, *d'un air moqueur*.

Vous aimez beaucoup de monde, ma belle enfant ; vous m'aimez beaucoup, vous aimez votre oncle Pierre, vos trois tantes, votre grand'-tante de Monclair, et pourtant il n'y paraît pas. »

Giselle rougit, hésita un instant, embrassa son père et dit :

« Je ne peux pas aimer tout le monde autant que j'aime papa, qui est si bon pour moi ; alors vous êtes tous jaloux de lui. N'est-il pas vrai, papa, ils sont jaloux ?

M. DE GERVILLE, *riant et embrassant Giselle*.

Cela se pourrait bien, mon cher amour, et ils peuvent bien aussi être jaloux de toi, car je t'aime plus que tout au monde.

GISELLE.

Même plus que maman ? »

M. de Gerville hésita ; mais, cédant aux caresses de sa fille et à ses instances, il répondit :

« Eh bien, oui, même plus que maman. »

Giselle sourit d'un air triomphant à sa mère, qui ne répondit que par un regard douloureux qu'elle jeta sur son mari et sur Giselle.

LÉONTINE.

Adieu, Victor; adieu, pauvre et chère enfant. Venez, mon ami, je suis prête, ajouta-t-elle en prenant le bras de M. Tocambel.

IX

GISELLE EST PUNIE... ET PARDONNÉE

Le dîner fut triste pour Léontine; son frère et ses sœurs, auxquels elle avait tout raconté, la regardaient avec une tendre pitié. Mme de Monclair taquina le vieux Tocambel, qui ripostait avec esprit et gaieté. Ils finirent par distraire Léontine et par égayer tous les convives; les trois jeunes cousins, amis de Blanche et de Laurence, Louis, Jacques et Paul, y aidèrent de leur mieux; après dîner, ils demandèrent à Mme de Monclair de se mettre au piano; Georges et Isabelle ne furent pas négligés : chacun s'empressa de les faire danser. La gaieté devint générale et gagna Léontine elle-même; au bout de quelque temps, Mme de Monclair demanda à Léontine de la remplacer au piano.

« Mes vieux doigts sont fatigués, dit-elle; ils ne peuvent plus aller assez vite, et mes vieilles jambes demandent à se dégourdir. Je veux danser aussi, moi. Allons, père Toc, venez m'engager pour une contredanse; faisons voir à cette jeunesse comment on dansait de notre temps. Mettez-vous tous en place; en avant deux; ce sont les vieux qui commencent. »

Mme de Monclair et M. Tocambel commencèrent un avant-deux, élégant et classique; la contredanse s'exécuta au milieu des rires et des bravos; les pas de zéphyr, les pas de Basque, les pirouettes, les entrechats, les pas mouchetés, rien n'y manqua. Chacun fit de son mieux; mais aucun ne put égaler la grâce, la légèreté, la souplesse du vieux couple.

« Ah! je n'en puis plus, criait Mme de Monclair en exécutant le dernier chassé-croisé : je suis rendue. Pierre, viens m'aider à regagner un fauteuil, une chaise, n'importe quoi. Les vieux danseurs n'ont plus de force. »

A peine Mme de Monclair, soutenue par Pierre, fut-elle installée dans un bon fauteuil, que la porte s'ouvrit et qu'à la surprise générale Victor entra tenant Giselle par la main. Léontine poussa

Aucun ne put égaler la grâce du vieux couple.

une exclamation de mécontentement, et quitta le piano.

MADAME DE MONCLAIR.

Eh bien, quoi? Qu'est-ce que c'est? Un danseur et une danseuse de plus! Léontine, tais-toi, ne bouge pas. Je vais tout arranger. Pierre, prends Giselle; Victor, venez près de moi. Les trois cousins, prenez chacun une cousine. Père Toc, faites danser les petits et battez la mesure. En place les danseurs. Chassé-croisé! »

Et avant que Giselle et Victor eussent compris ce qu'on allait faire, ils recommencèrent une contredanse semblable à la dernière. Léontine, un peu troublée, se trompa, manqua la mesure, mais personne n'y fit attention, tant on était animé à sauter, à tourner, à pirouetter. Giselle, troublée, en entrant, du tumulte et de l'exclamation de sa mère, fut entraînée par la gaieté des danseurs. Victor lui-même perdit sa gravité, et la contredanse n'était pas finie, que personne ne songeait ni à l'entrée imprévue de Giselle, ni à ses méfaits précédents. Léontine elle-même, enchantée de voir Giselle rire et danser, donnait à sa musique une vivacité, un éclat qui augmentait l'entrain général. A une contredanse en succéda une autre, puis une autre, puis un galop monstre, après lequel tous, d'un commun accord, demandèrent grâce.

Pendant qu'on prenait des rafraîchissements et des gâteaux, Léontine s'approcha de Mme de Monclair, qui était restée dans son fauteuil.

« Bonne, chère tante, lui dit-elle les yeux pleins de larmes, comme vous avez tout arrangé et tout fait pardonner! Avec quelle bonté, avec quel esprit charmant! Je suis bien, bien reconnaissante, ma chère tante. »

Léontine lui baisa la main; sa tante l'embrassa.

« Il reste quelque chose à faire, dit-elle. Tu vas voir. Avez-vous bientôt fini de vous rafraîchir, vous autres jeunes? Bon; approchez tous, rangez-vous en ligne devant moi. Bien. A présent, que personne ne bouge et ne parle, et que tous m'écoutent.

« L'homme est mauvais par nature. La femme aussi, bien entendu. Mais hommes et femmes sont bons... quand ils le veulent. Voulez-vous être bons, tous, tant que vous êtes?

— Oui, oui, s'écrièrent-ils tous.

— Alors pardonnez-vous les uns les autres, afin que le bon Dieu vous pardonne. Que chacun de vous se réconcilie de bon cœur et ne pense plus au passé. Aimez-vous les uns les autres, et jetez-vous dans les bras les uns des autres. Une, deux, trois. »

Au trois, Mme de Monclair se jeta dans les bras

de M. Tocambel, Léontine dans ceux de Victor, Pierre dans ceux de Giselle, et ainsi de suite, jusqu'à ce que tous se furent embrassés. On riait, on se poussait, on se culbutait; les deux petits passaient de bras en bras; le fort de la mêlée dura plus d'un quart d'heure. Quand l'ordre fut rétabli, Giselle était encore fortement serrée dans les bras de sa mère : toutes les deux pleuraient.

« Je ne veux pas qu'on pleure! s'écria Mme de Monclair; une pénitence pour les pleureurs; on va jouer à colin-maillard : Léontine et Giselle le seront. Vite, des mouchoirs, et à genoux pour qu'on vous bande les yeux. »

Léontine obéit après un dernier baiser déposé sur une dernière larme qui coulait sur la joue de Giselle; on leur banda les yeux, et le jeu commença. Noémi emmena Georges et Isabelle, qui ne pouvaient plus se tenir sur leurs petites jambes; elle les remit à leur bonne. A peine furent-ils couchés, qu'ils s'endormirent profondément, pour ne s'éveiller que le lendemain à dix heures. Ils avaient dormi treize heures. La soirée continua gaie et bruyante.

Giselle revenait souvent près de sa mère, pour l'embrasser, pour lui dire un mot de tendresse, vraie, cette fois. Léontine éprouvait un bonheur qui se reflétait sur son visage, ordinairement triste et doux ; la tristesse avait disparu : la douceur seule y restait et embellissait sa physionomie.

« Comme Léontine est jolie ce soir! dit M. Tocambel à sa vieille amie.

MADAME DE MONCLAIR.

Parce que le bonheur maternel est sans mélange d'inquiétude. Et voyez aussi Giselle : elle est charmante, jolie et charmante!

M. TOCAMBEL.

C'est vous, fée bienfaisante, qui avez amené ce changement.

MADAME DE MONCLAIR.

Pourvu que le mauvais génie ne vienne pas nous gâter tout cela!

M. TOCAMBEL.

Cela se pourrait bien. Il est terrible de faiblesse; il arrête tous les bons mouvements de Léontine. Quelle idée habile et charmante vous avez eue! Tout en riant, vous leur avez fait le plus beau sermon qu'ils pourront jamais entendre prêcher dans le cours de leur vie.

MADAME DE MONCLAIR, *riant*.

Taisez-vous, flatteur! Gare au gazon!

M. TOCAMBEL.

C'est bon, c'est bon, baronne! J'en ai de rechange. »

La soirée se prolongea assez tard; à dix heures on servit le thé, des glaces, des gâteaux et du chocolat. L'exercice avait réveillé l'appétit; on fit honneur à la collation. A onze heures on se sépara.

« Ma tante, nous allons vous ramener chez vous, dit Léontine.

MADAME DE MONCLAIR.

Du tout, du tout, mon enfant; il fait si beau! Je m'en vais à pied avec mon ami Tocambel. Vous allez me donner le bras, j'espère bien?

M. TOCAMBEL.

Je n'en sais rien; vous êtes si folle, que vous me ferez passer pour un fou, et, dans la rue, vous sentez que ce n'est pas agréable.

MADAME DE MONCLAIR.

Voyez-vous ce délicat! Allons, vite, donnez-moi votre bras, et partons.

M. TOCAMBEL.

Je n'en puis plus; mes jambes ne peuvent plus me porter.

MADAME DE MONCLAIR.

Eh bien, je vous porterai; vous serez mon bébé. Fameuse chevelure pour un bébé!

M. TOCAMBEL.

Mais, baronne, je vous dis que je ne peux plus me tenir.

MADAME DE MONCLAIR.

Laissez donc! Vous n'avez que soixante-quatre ans! Moi qui en ai quarante-six! ce n'est qu'une différence de chiffres posés : vous voyez bien. »

Tout en résistant, M. Tocambel fut saisi par le bras et emmené moitié riant, moitié grommelant, par sa terrible, mais excellente amie et ennemie tout à la fois; elle se plaisait à le tourmenter, et lui se plaisait à être tourmenté par cette aimable et encore charmante amie; malgré ses quarante-six ans, elle avait conservé une gaieté, un éclat, une légèreté, une santé de vingt ans. Bonne avec tout le monde, amie fidèle et dévouée, elle avait des amis innombrables qu'elle taquinait sans les fâcher, dont elle riait sans les blesser. Riche et d'une position élevée, elle se mettait au service de tous ceux de son intimité qui avaient besoin de sa protection ou de sa bourse; aussi était-elle reçue partout à bras et à cœur ouverts. M. Tocambel l'aimait et la vénérait; jamais il ne passait une journée sans y aller au moins une fois, et plus souvent deux ou trois.

Ils arrivèrent à bon port, après s'être querellés tout le long du chemin; M. Tocambel reçut même un ou deux pinçons au bras. Le dernier mot de Mme de Monclair fut :

« Je vous enverrai demain un faucheur pour tondre votre gazon, qui est trop long.

— Et moi, je vous enverrai mon tailleur pour vous coudre la langue », répliqua M. Tocambel en baisant la main que lui tendait son ennemie.

X

RECHUTE DE GISELLE

« Je viens savoir de tes nouvelles, Léontine, dit Pierre en entrant le lendemain, dans l'après-midi, chez sa sœur.

LÉONTINE, *l'embrassant.*

Elles sont excellentes, mon ami. Giselle est charmante; elle obéit au premier mot, elle a un air doux et heureux que je ne lui ai pas vu depuis longtemps. Victor est enchanté; il s'attendait à être grondé hier soir en rentrant; mais, au premier mot d'explication, je lui ai fermé la bouche en l'embrassant. « Merci, ma bonne Léontine, m'a-t-il dit; j'ai fait une sottise; tu ne me la reproches pas, et certainement je ne recommencerai plus. » Je suis heureuse aujourd'hui. Dieu veuille que Giselle ne trouble pas ce calme dont je jouis si rarement!

PIERRE.

Le bon Dieu t'exaucera, chère Léontine, si tu mets en pratique l'excellent proverbe : *Aide-toi, le ciel t'aidera*.

LÉONTINE.

Et toi aussi, tu m'aideras, mon bon Pierre; je suis si faible! J'ai besoin d'être soutenue pour lutter contre Giselle et contre Victor.

PIERRE.

Et contre toi-même, pauvre sœur. Je viens te dire que, d'après le succès de notre soirée d'hier, nous avons décidé, Noémi et moi, que notre fête dans le jardin aurait lieu dans huit jours; le temps est au beau, Giselle aussi; profitons-en pour la raffermir dans ses bonnes résolutions. Noémi te demande de venir l'aider dans ses arrangements de fleurs, de meubles; pour ses commandes de gâteaux, de glaces, etc., pour son dîner de cinquante couverts, et enfin pour tous les préparatifs de la fête. Elle compte sur ton bon goût et sur tes idées toujours heureuses dans ce genre d'arrangements.

LÉONTINE.

Veux-tu que j'y aille de suite avec toi?

PIERRE.

Certainement ; je t'enlève jusqu'au dîner.

LÉONTINE.

Très bien ; Giselle a fini ses leçons, elle est sortie avec sa bonne ; son père l'attend aux Champs-Élysées pour la mener au Jardin d'Acclimatation : ils en ont jusqu'au dîner. »

La porte s'ouvrit ; la bonne entra.

LÉONTINE.

Comment, Émilie, vous n'êtes pas sortie avec Giselle? Je vous croyais partie depuis trois quarts d'heure.

LA BONNE.

Je viens chercher Madame pour décider Mlle Giselle à s'habiller. Nous sommes en querelle depuis qu'elle a quitté Madame.

LÉONTINE.

En querelle! A propos de quoi?

LA BONNE.

Parce que Mademoiselle veut mettre sa belle robe de soie bleue et son chapeau de paille de riz garni de fleurs roses. J'ai beau lui dire que c'est trop élégant pour une simple promenade au Jardin d'Acclimatation, que sa belle toilette serait fanée et salie peut-être. Elle ne veut pas m'écouter, elle se fâche, elle pleure ; et je viens chercher Madame, car je ne puis en venir à bout. »

Léontine était consternée.

LÉONTINE.

Pierre, que dois-je faire? Mon Dieu, mon Dieu! comme mon bonheur a peu duré!

PIERRE.

Ne te décourage pas, ma pauvre Léontine. Crois-tu que Giselle puisse être corrigée en une journée de ses vieilles habitudes de révolte et d'entêtement? il faut du temps et de la fermeté. Ne cède pas; elle cédera. Va la voir; parle doucement, mais sérieusement; qu'elle voie que ta volonté est plus forte que la sienne.

LÉONTINE.

Pierre, viens avec moi, je t'en prie; ta présence me donnera du courage.

PIERRE.

Très volontiers, chère amie. Use de moi tant que tu voudras. »

Léontine, suivie de Pierre, entra chez Giselle; elle était assise sur le plancher, en jupon, sans brodequins, nu-bras, les cheveux emmêlés, les yeux étincelants, les joues rouges, portant sur son visage l'expression d'une colère prête à faire explosion. »

Léontine et Pierre se placèrent devant elle.

« Mon oncle! s'écria Giselle ; toujours mon oncle!

Léoulue, suivie de Pingre, entra chez Giselle.

LÉONTINE.

Oui, Giselle, ton oncle, qui vient t'annoncer une fête qu'il veut nous donner jeudi prochain; une fête très amusante, avec une loterie, un Guignol, un bal, etc. Mais je crains que tu ne puisses pas y aller.

— Pourquoi cela, maman? » dit Giselle d'un air un peu effrayé. Sa colère était passée.

LÉONTINE.

Parce que tu recommences tes méchancetés; parce que tu ne veux pas obéir à ta bonne; parce que, par ton entêtement à mettre une toilette qui te donnerait l'air d'une folle, tu fais attendre ton pauvre papa....

GISELLE.

Oh! papa! il peut bien attendre! Il s'amuse à voir passer les voitures.

LÉONTINE.

Ce n'est pas poli, ce que tu dis là, pour papa. Je viens te faire savoir que tu mettras la robe et le chapeau que tu mets tous les jours, ou bien que tu ne verras pas la fête de ton oncle; choisis.... Et dépêche-toi, pour partir bien vite. »

Giselle ne dit rien; seulement elle se leva et alla prendre la robe préparée par la bonne. Léontine resta quelques minutes pour la voir peignée, chaussée et habillée; quand Giselle fut prête, Léontine voulut l'embrasser, mais Giselle détourna la tête et sortit sans regarder personne.

Léontine restait immobile, pensive et triste. Pierre la laissa réfléchir; mais quand il vit une larme perler dans ses yeux, il lui prit les mains, l'embrassa et lui dit :

« Tu as très bien mené l'affaire, ma bonne Léontine, très habilement; tu as présenté la fête comme appât pour faire passer la colère et pour te faire obéir; tu as parlé avec fermeté; aussi as-tu réussi mieux et plus vite que je n'osais l'espérer.

LÉONTINE.

Tu trouves, Pierre? Tu n'as donc pas vu comme elle m'a repoussée quand j'ai voulu l'embrasser?

PIERRE.

Je l'ai très bien vu et je m'y attendais. Il était difficile qu'il en fût autrement. Elle se voyait obligée de céder sur tous les points; elle n'a pas même essayé de te résister; évidemment elle a dû souffrir dans son orgueil et dans sa nature violente. Mais ce n'est rien du tout, cela. Ne t'en inquiète pas. Et quand je te dis que tu as remporté une victoire complète, tu peux me croire; tu dois espérer au contraire que l'avenir ne sera pas sombre, comme nous le redoutions hier encore.

LÉONTINE.

Tu trouves toujours moyen de me consoler, mon bon Pierre.

PIERRE.

Parce que je te connais si bien! Je devine si bien tes côtés faibles, tes impressions, tes découragements. La grande amitié que j'ai pour toi me rend clairvoyant.

LÉONTINE.

Et moi, mes affections me rendent aveugle; voilà la différence.

PIERRE.

Tu commences à y voir clair; et moi je commence à craindre que nous n'arrivions trop tard chez Noémi.

LÉONTINE.

Tu as raison; je cours chercher mon chapeau, mes gants, et je suis à toi. »

Léontine, qui avait repris son calme, revint après quelques instants, prête à partir. La visite à Noémi fut très utile. Laurence et Blanche furent appelées pour prendre part au conseil. Tout fut convenu, et Pierre fut chargé de courir les magasins avec Blanche pour les objets à mettre en loterie; chaque enfant devait gagner deux lots, et on arrangea la distribution des billets de loterie de manière à ce que chacun eût ses deux lots.

Quand Léontine rentra, elle trouva Giselle

dans le salon de fort mauvaise humeur. Elle n'avait pas trouvé son père aux Champs-Élysées; elle n'avait rencontré aucune de ses amies, et elle avait été tout le temps en querelle avec sa bonne.

LÉONTINE.

Eh bien, Giselle, as-tu trouvé ton père?

GISELLE.

Certainement non; ma bonne m'avait fait perdre une heure en refusant de m'habiller.

LÉONTINE.

C'est-à-dire que c'est toi qui refusais de t'habiller.

GISELLE.

Ce n'est pas vrai.

LÉONTINE.

Giselle, ce n'est pas poli de me répondre comme tu le fais. Tu étais si gentille ce matin, ma petite chérie! Et j'étais si contente! Je t'en prie, chère enfant, ne recommence pas les scènes de ces derniers jours. Ne pense plus à ton caprice de robe bleue, et reprends ta gentille petite figure de ce matin. »

Giselle ne répondit pas; elle boudait.

M. de Gerville entra, Giselle courut à lui.

M. DE GERVILLE.

Te voilà, mon cher amour! Pourquoi n'es-tu pas venue aux Champs-Élysées? Je t'y ai attendue plus d'une heure.

GISELLE.

Parce qu'on n'a pas voulu m'y mener à temps pour vous trouver.

M. DE GERVILLE, *vivement*.

On n'a pas voulu ! »

M. de Gerville jette sur Léontine un regard mécontent.

« Est-ce vous, Léontine, qui avez empêché cette pauvre petite de sortir?

LÉONTINE.

Non, c'est elle-même qui s'est entêtée à ne pas vouloir s'habiller.

M. DE GERVILLE.

Mais puisqu'elle dit qu'*on* n'a pas voulu la mener?

LÉONTINE.

La bonne voulait l'habiller convenablement ; Giselle voulait se mettre ridiculement ; quand on est venu me chercher, elle avait perdu une heure à disputer avec sa bonne.

M. DE GERVILLE, *avec humeur*.

Cette Émilie est insupportable. Vous lui laissez trop d'autorité, Léontine.

LÉONTINE.

Mais, mon ami, elle n'en a pas assez, au contraire. C'est Giselle qui est insupportable avec sa bonne et qui ne lui obéit en rien.

M. DE GERVILLE.

Vous êtes aimable pour votre enfant !

GISELLE.

Maman ne m'aime plus du tout; elle écoute mon oncle Pierre, qui est venu avec maman pour me forcer à mettre une vieille horrible robe. Je suis bien malheureuse, papa, quand vous n'y êtes pas.

M. DE GERVILLE, *la saisissant dans ses bras*.

Ma pauvre chère enfant! je ne te quitterai plus; je te suivrai partout. On n'osera pas te rendre malheureuse devant moi, j'espère. Mais dites-moi, Léontine, pourquoi votre frère se mêle-t-il de l'éducation de Giselle? Est-ce que je m'occupe de ses enfants? Je les trouve pourtant insupportables; mais je ne me permets pas de les gronder, de les chasser, encore moins de les battre et de les garrotter.

LÉONTINE, *tristement*.

Pierre ne s'en mêle que lorsque je le lui demande, mon ami; et il fait du bien à Giselle en soutenant mon courage contre ses caprices.

M. DE GERVILLE.

Je ne veux plus de cela, moi. Parce qu'il est dur comme un Arabe pour ses enfants, il est choqué de voir Giselle traitée avec humanité par vous, et il veut la mettre au régime du fouet, des pénitences et des gronderies. Dites-lui, Léontine, ce soir même, que je le prie de ne pas s'occuper de ma fille.

LÉONTINE.

Dites-le vous-même, Victor. Je ne me charge pas de votre commission. Et toi, Giselle, souviens-toi que pour aller à la fête que ton oncle veut bien te donner, il faut que tu sois sage ; ainsi je t'engage à devenir douce, polie et obéissante.

GISELLE.

Papa m'y mènera, si vous ne voulez pas me mener. N'est-ce pas, mon cher petit papa, que vous ne laisserez pas votre petite Giselle pleurer à la maison pendant que maman dansera et s'amusera comme elle a fait hier ?

M. DE GERVILLE.

Non, mon cher amour, non ; je te mènerai partout où l'on s'amuse, et je te ferai danser tant que tu voudras. »

Léontine avait pris le parti de ne plus répondre aux impertinences de Giselle et aux injustes accusations de son mari. Pauvre Giselle, pensait-elle ; comme sa sagesse a peu duré ! Quel dommage ! Elle était si bonne et si gentille jadis !

XI

HABILETÉ DE MADAME DE MONCLAIR

Léontine quitta le salon, laissant Victor gâter sa fille à son aise.

« Que puis-je y faire? mes reproches encouragent la résistance de Giselle; elle devient très impertinente avec moi;... c'est la punition de ma faiblesse. Le pauvre Victor l'éprouvera à son tour.

— Léontine, dit Mme de Monclair en entrant avec M. Tocambel, je te propose une excellente gouvernante ou maîtresse pour ta fille. Mlle Tomme était trop jeune, elle avait peur de Giselle; celle que je t'ai trouvée ne se laissera pas manquer, et si tu veux la soutenir, tu verras ta fille prendre les habitudes de soumission qu'elle n'a pas, mais qu'il faut lui donner.

LÉONTINE.

Vous êtes bien bonne de vous occuper de moi et de Giselle, chère tante.

MADAME DE MONCLAIR.

Quel air triste, ma chère enfant! Qu'est-il arrivé depuis hier?

LÉONTINE.

Une nouvelle révolte de Giselle et une nouvelle faiblesse de Victor. Je ne sais plus comment faire, comment dire! Je me suis retirée dans ma chambre pour faire cesser les impertinences de ma pauvre fille; chacune de ses paroles moqueuses et insolentes me va au cœur; j'en éprouve un chagrin mortel.

M. TOCAMBEL.

Pauvre Léontine! Que de fois je vous ai avertie! Que de remontrances je vous ai adressées! Que d'impatiences elles vous ont causées! A présent le mal est fait; le cœur de Giselle s'est endurci; je crains qu'il n'y ait plus de remède. »

Léontine pleura amèrement.

MADAME DE MONCLAIR, *avec vivacité*.

A quoi sert tout ce que vous dites? A rien qu'à la faire pleurer. Au lieu de chercher à consoler la mère et à corriger l'enfant, vous soupirez : *Il est trop tard! Je l'avais bien dit!* Est-ce ainsi qu'un bon homme de votre âge guérit les peines du cœur? Vous savez bien qu'il n'est jamais trop tard! Est-ce que le bon larron de l'Évangile n'était pas plus vieux que Giselle? Ne s'est-il pas converti? N'a-t-il pas été en paradis avec Notre-Seigneur? Pourquoi Giselle ne ferait-elle pas comme le bon larron? Voyons, répondez, qu'avez-vous à dire?

M. TOCAMBEL.

Que je ne suis pas Notre-Seigneur; que ni Léontine, ni vous, ni moi, nous n'avons, comme lui, la puissance de changer les cœurs. J'ai à dire aussi que vous êtes d'une impétuosité qui trouble, qui terrifie, et que je ne suis pas de force à lutter contre votre déluge de paroles. La tête me tourne; je ne sais plus où j'en suis.

MADAME DE MONCLAIR.

C'est ça! Quand vous avez fait une gaucherie, la tête vous tourne... contre moi. Restez là; je vais vous ramener Giselle repentante. Et toi, Léontine, n'écoute pas ce qu'il dit et attends-moi. »

Mme de Monclair rentra au salon; Victor était embarrassé de ce qu'il avait dit et fait; il ne regardait plus sa fille et ne lui répondait pas. Giselle était inquiète de l'air mécontent de son père.

MADAME DE MONCLAIR.

Victor, je ne sais pas ce qui vous est arrivé,

mais, à votre air, je vois que vous vous sentez coupable; allez embrasser votre femme, qui pleure et qui vous aime. Je garde Giselle; allez. »

Victor, enchanté d'échapper à Giselle et inquiet des larmes de Léontine, entra précipitamment chez elle. Pendant qu'il s'expliquait avec sa femme toujours prête à lui pardonner, Mme de Monclair faisait asseoir Giselle à côté d'elle.

MADAME DE MONCLAIR.

Causons un instant, ma chère petite. Dis-moi, es-tu heureuse? »

Giselle surprise, répondit pourtant franchement :
« Non, ma tante.

MADAME DE MONCLAIR.

Pourquoi donc, mon enfant?

GISELLE.

Parce que maman me gronde, ma bonne me gronde; maman me punit même depuis quelque temps.

MADAME DE MONCLAIR.

Ah!... Tu es pourtant bien douce?

GISELLE.

Pas toujours, ma tante.

MADAME DE MONCLAIR.

Bien bonne?

GISELLE.

Pas tout à fait, ma tante.

MADAME DE MONCLAIR.

Bien obéissante?

GISELLE.

Pas quand je veux autre chose.

MADAME DE MONCLAIR.

Voyons! tu n'es ni douce, ni bonne, ni obéissante. Alors je ne m'étonne pas que ta maman et ta bonne te grondent quelquefois. Mais, du moins, tu es toujours polie avec maman et ta bonne?

GISELLE.

Oh non, ma tante; pas quand elles m'ennuient.

MADAME DE MONCLAIR.

Ah, ah! Après avoir été ni douce, ni bonne, ni obéissante, tu n'es même pas polie. Alors je comprends que maman te punisse.... Et cela doit bien t'ennuyer d'être grondée et punie?

GISELLE.

Je crois bien, ma tante. C'est assommant!

MADAME DE MONCLAIR.

Tu as raison! parfaitement raison! Quand j'étais petite, cela m'ennuyait bien d'être grondée et surtout punie. C'est qu'il n'y a pas à dire : il faut bien céder; un enfant n'est jamais le plus fort.

GISELLE.

N'est-ce pas, ma tante, que vous comprenez comme cela m'ennuie?

MADAME DE MONCLAIR.

Ah! si je le comprends! Je crois bien que je le comprends!... et que je te plains! »

Giselle était enchantée; elle ne se méfiait plus de sa tante.

MADAME DE MONCLAIR.

Veux-tu que je t'enseigne un moyen d'être très heureuse, et de n'être jamais grondée ni punie?

GISELLE.

Oh oui! ma tante, dites-le-moi!

MADAME DE MONCLAIR.

C'est le moyen que j'avais employé quand j'avais dix ans, comme toi. Plus je grandissais, et plus j'étais grondée et punie.

GISELLE.

C'est comme moi; maman devient de plus en plus sévère.

MADAME DE MONCLAIR.

Tout juste comme moi! Et tu peux voir par toi-même comme cela devait m'ennuyer. L'autre jour, comme c'était triste pour toi de ne pas dîner et t'amuser avec nous tous chez ton oncle!

GISELLE.

Je crois bien! j'étais furieuse!

MADAME DE MONCLAIR.

Et comme ce serait terrible de ne pas aller à la fête de ton oncle!

GISELLE.

Mais papa m'y mènera.

MADAME DE MONCLAIR.

Tu ne sais donc pas ce qui pourrait t'arriver, si papa t'y menait malgré maman? On te prendrait de force, on t'emporterait à la maison, et le lendemain on te mettrait dans une pension très sévère loin de Paris.

GISELLE, *effrayée*.

Ah! mon Dieu!

MADAME DE MONCLAIR.

Oui, ma pauvre fille, c'est comme cela. Pour empêcher tous ces malheurs, voici ce que tu as à faire. Quand maman ou ta bonne t'empêchent de faire une chose qui te plaît, ou veulent te faire faire ce qui te déplaît, dis en toi-même : « Il faut bien que j'obéisse puisque je suis un enfant ». Si cela ne suffit pas, dis au bon Dieu : « Mon Dieu, donnez-moi le courage d'obéir ». Tu verras que l'envie de résister s'en ira.

GISELLE.

Mais, ma tante, quand je résiste, on me cède presque toujours.

MADAME DE MONCLAIR.

Pas toujours, ma pauvre fille; tu vois bien que maman n'a pas cédé ces jours derniers. Et plus tu grandiras, moins maman te cédera.

GISELLE.

Mais papa oblige maman à me céder.

MADAME DE MONCLAIR.

Pas toujours, pas toujours. Tu n'as pas dîné chez ton oncle l'autre jour; tu n'as pas mis ta robe bleue ce matin.... Heureusement pour toi, car tout le monde se serait moqué de ta belle toilette pour les singes et les autruches. Et c'est précisément quand papa te soutient contre maman, que tu es la plus malheureuse; car tu n'es pas bête, tu n'es pas méchante au fond, et ton pauvre cœur n'est pas tranquille. Quand tu te sentiras devenir méchante après avoir résisté, pense combien c'est affreux de ressembler au diable au lieu de ressembler au bon et doux Jésus, à la Sainte Vierge, à ton bon ange, et dis-toi : « Je ne veux pas être laide comme le diable, je veux être belle comme la Sainte Vierge ».

GISELLE.

Mais je ne suis pas laide quand je suis méchante; je suis toujours jolie; papa me l'a dit, et maman me le disait aussi il y a quelque temps.

MADAME DE MONCLAIR.

Écoute, Giselle; je te trouve jolie, moi; eh bien, je t'assure que lorsque tu es méchante, tu es laide et désagréable à regarder. Nous le disions tous l'autre jour chez ton oncle quand tu t'es repentie, tu es redevenue jolie à ne pas te reconnaître. Tu aimes mieux être jolie que laide, n'est-ce pas?

GISELLE.

Certainement, ma tante.

MADAME DE MONCLAIR.

Eh bien, sois bonne, sois douce, et tu seras jolie. Mais n'oublie pas d'appeler à ton aide le bon Dieu, la Sainte Vierge et ton bon ange.

GISELLE.

Oui, oui! ma tante, j'y penserai.

MADAME DE MONCLAIR.

Enfin, quand tu auras envie d'être impolie avec maman, pense que tout le monde te blâmera, te méprisera, et même te détestera, car rien n'est aussi révoltant que l'impertinence d'un enfant avec sa mère ou son père.

GISELLE.

Oh, papa! ça lui est égal, il n'en fait pas moins toutes mes volontés.

MADAME DE MONCLAIR.

Ça ne lui est pas égal du tout, quoiqu'il ne te le dise pas, ma pauvre fille. Je te dis là beaucoup de petits secrets que je ne devrais pas te dire peut-être. Ainsi, tout à l'heure il était fâché contre toi; tu as vu que je l'ai deviné tout de suite en entrant au salon. Il ne t'a seulement pas

regardée quand il est parti si vite pour consoler maman qui pleurait, qui se désolait pour toi.
MADEMOISELLE
GISELLE.

C'est ennuyeux tout de même de toujours obéir, toujours se contenir.

MADAME DE MONCLAIR.

Ennuyeux! C'est charmant au contraire. Essaye et tu verras. On a le cœur content, on est gai; on s'amuse de la surprise et de l'air joyeux de tout le monde; on voit que chacun cherche à vous faire plaisir. Je t'assure qu'on est très heureux; je le sais bien, moi qui ai fait tout ce que tu as fait et tout ce que je te dis. Et puis, ce qui est très agréable, c'est qu'on s'habitue si bien à être bonne, douce, polie, obéissante, qu'on n'a plus de peine du tout à l'être. Tu verras, tu verras, essaye seulement.

GISELLE.

Que dois-je faire alors, ma tante, à présent qu'ils sont tous en colère contre moi? »

Mme de Monclair se leva, l'embrassa et lui dit affectueusement :

« Tu dois, en premier lieu, ma bonne petite, en parler poliment, ne jamais dire *il, elle,* en parlant de maman et de papa.

GISELLE.

Et comment dire?

HABILETÉ DE MME DE MONCLAIR 145

MADAME DE MONCLAIR.

Papa, maman. Ensuite tu vas aller embrasser maman, tu lui diras que tu veux être une bonne petite fille, douce, obéissante et polie; tu sais comme la pauvre maman t'aime; elle ne te laissera pas seulement achever ta phrase, tant elle t'embrassera. Puis tu prieras papa de ne pas te soutenir quand tu es mauvaise, et de laisser maman s'arranger avec toi. Il va être joliment surpris! Allons vite. Voilà que ta figure s'embellit déjà. N'oublions pas de demander au bon Dieu qu'il nous aide. »

Giselle, enchantée de sa tante et de ses bons conseils, et de pouvoir être jolie à volonté, commença par l'embrasser en lui disant : « Ma chère tante, que je vous aime! »

MADAME DE MONCLAIR, *l'embrassant aussi.*

Chère petite, je t'aime bien aussi, et tout le monde t'aimera, et le bon Dieu t'aimera.... Mon bon Jésus, venez-nous en aide, ajouta-t-elle; ma bonne Sainte Vierge, aidez-nous. »

Elle profita du bon mouvement de Giselle et entra avec elle chez Léontine tristement assise entre son mari et M. Tocambel.

MADAME DE MONCLAIR.

Léontine, je t'amène une charmante fille, qui te rendra très heureuse. »

Giselle se jeta dans les bras de sa mère et commença la phrase que lui avait conseillée Mme sa tante ; mais, comme l'avait prévu Mme de Monclair, Léontine serra si fort sa fille contre son cœur, et l'embrassa tant et tant, que Giselle ne put en dire que les premiers mots.

Quand Léontine lui rendit la liberté de ses mouvements, Giselle se retourna vers son père et dit tout au long la phrase convenue avec sa tante. La surprise avait rendu Victor immobile ; ses yeux étonnés, sa bouche entr'ouverte, l'immobilité de toute sa personne, firent éclater de rire Mme de Monclair ; Giselle ne put s'empêcher de partager un peu la gaieté de sa tante ; elle embrassa son père en riant.

M. DE GERVILLE.

Comment, Giselle ! Comment, que dis-tu, que me demandes-tu ? Je crois avoir mal entendu.

GISELLE.

Mon pauvre papa, je vous demande de laisser maman me gronder, me punir à son idée, parce que je sais que je l'ai bien mérité quand elle le fait.

M. DE GERVILLE.

Mais, ma pauvre petite, tu ne le mérites presque jamais. Si je ne te protège pas, tu seras très malheureuse.

« Oh, Victor! » ne put s'empêcher de dire Léontine.

GISELLE.

N'ayez pas peur, maman; je sais que vous m'aimez beaucoup, et que lorsque papa me soutient contre vous, par excès de tendresse pour moi, c'est vous qui avez raison et moi qui ai tort.

M. TOCAMBEL, *baisant la main de Mme de Monclair.*

Je vois, ma charmante amie, que vous avez eu un succès complet avec Giselle; elle est changée déjà à ne pas la reconnaître.

MADAME DE MONCLAIR.

Je crois bien; elle est jolie comme un ange, et douce comme un agneau. Je n'en ferais pas autant avec vous; il n'y a pas de danger que vous preniez une figure d'ange et un caractère d'agneau.

M. TOCAMBEL.

Je crois, en effet, que je n'aurai pas cette chance tant que je serai sous votre terrible direction.

MADAME DE MONCLAIR.

Terrible! Laissez donc. Je suis trop bonne pour vous; je vous mène trop doucement.

M TOCAMBEL.

Seigneur Dieu! la douceur d'une lionne.

MADAME DE MONCLAIR.

Giselle, t'ai-je dévorée?

GISELLE, *riant*.

Non, ma tante, vous m'avez embrassée.

MADAME DE MONCLAIR.

Giselle, t'ai-je grondée?

GISELLE, *riant*.

Pour cela non; vous m'avez parlé si doucement, avec tant de bonté, que je vous ai écoutée avec plaisir.

MADAME DE MONCLAIR, *riant*.

Vous voyez bien! Giselle dit vrai; et vous, vous dites faux. Aussi vous allez rester là sans bouger et sans parler. »

Mme de Monclair poussa légèrement M. Tocambel jusqu'au canapé, sur lequel elle le fit tomber. Il voulut se relever, mais le poignet encore vigoureux de Mme de Monclair le fit retomber et le cloua sur le canapé.

« Laissez-moi la paix! Laissez-moi m'en aller, disait M. Tocambel, moitié riant, moitié impatienté.

MADAME DE MONCLAIR.

Du tout; vous resterez là. J'aurai besoin de vous tout à l'heure pour me ramener chez moi. Et je me tiens près de vous pour vous empêcher de vous sauver. On n'a pas idée d'un caractère aussi impérieux.

M. TOCAMBEL.

Moi! impérieux! Avec vous ce serait bien impossible; vous me mettriez en pièces. Puisqu'il faut toujours vous céder, quelque folle idée que vous ayez dans la tête!

MADAME DE MONCLAIR, *avec gaieté*.

C'est bon, c'est bon; taisez-vous, on n'entend que vous. Laissez-nous terminer nos affaires.

M. TOCAMBEL.

Ce n'est toujours pas moi qui parle.

MADAME DE MONCLAIR.

Comment, pas vous? vous ne faites que cela.

M. TOCAMBEL.

Donnez-moi la paix! pour l'amour du ciel!

MADAME DE MONCLAIR.

Donnez-moi la paix! Vous redites toujours la même chose.... Chut! Plus un mot. »

Ma petite Giselle, ajouta-t-elle en se tournant vers sa nièce, tu es bien gentille; je reviendrai te voir et nous causerons encore à nous deux.....

LÉONTINE.

Je pourrai assister à votre conversation, ma bonne tante?

MADAME DE MONCLAIR.

Pas du tout, ma fille; tu n'as pas besoin d'entendre nos petits secrets. Et Victor encore moins.

A présent je m'en vais. Sois sage, ma Léontine ; demande à Giselle ce qu'il faut faire pour être sage. Et vous, Victor, sortez beaucoup ; soyez à la maison le moins possible, parlez à Giselle le moins possible quand elle est un peu..., un peu... agitée. Au revoir, mes enfants. »

Elle serra la main de Victor, embrassa Léontine qui la remercia vivement à voix basse, embrassa Giselle qui lui demanda à l'oreille : « Suis-je jolie, ma tante? — Charmante », lui répondit Mme de Monclair. Puis elle voulut emmener son malheureux ami, mais il n'y était plus ; il avait profité des adieux de son amie pour s'échapper.

« Parti? s'écria-t-elle en riant. Parti? Ah bien ! il me le payera. Je vais le rattraper ; il ne peut pas être loin, et je vais le faire promener pendant une heure au pas accéléré, pour lui ôter à l'avenir l'envie de se sauver. »

Elle partit en pressant le pas et ne tarda pas à voir le malin Tocambel qui, lui aussi, pressait le pas et trottait de toute la vitesse de ses jambes ; Mme de Monclair arriva sur lui au moment où il tournait une rue et se croyait hors de toute atteinte.

Pan! C'était un avertissement amical de Mme de Monclair.

Mme de Monclair arriva sur lui au moment où il tournait une rue

M. TOCAMBEL.

Aïe! C'est bien de vous cela! Vous m'avez brisé l'épaule! Vous tombez sur les gens comme un aigle qui s'abat sur sa proie.

MADAME DE MONCLAIR.

Je vous tiens, tout de même. Vous allez me mener chez Pierre avant de rentrer chez moi. Je vous apprendrai à me faire courir après vous, avec mes quarante-six ans!

M. TOCAMBEL.

Beau mérite de rattraper un pauvre vieillard qui en a soixante-quatre, qui....

MADAME DE MONCLAIR.

...qui marche comme sur des œufs cassés parce que Monsieur veut faire petit pied. Voyez donc vos brodequins; ils sont de deux pouces trop courts et d'un pouce trop étroits.

M. TOCAMBEL.

Mon Dieu, baronne, laissez mes pieds tranquilles. Vous avez des idées tout à fait extraordinaires. »

Ils continuèrent leur chemin à pas redoublé, M. Tocambel demandant grâce, et Mme de Monclair le forçant à suivre son pas plus qu'accéléré et riant des soupirs et des gémissements de sa victime.

Chez M. et Mme de Gerville tout était rentré

dans l'ordre en attendant de nouvelles agitations. Giselle fut toute la soirée d'une douceur charmante; deux ou trois fois son sourcil se fronça et ses narines se gonflèrent, mais, les conseils de sa tante lui revenant à l'esprit, elle se calma aussitôt et put jouir de la surprise de ses parents. M. de Gerville était presque effrayé de la sagesse de sa fille.

« Pourvu qu'elle n'en tombe pas malade, pensait-il. Elle prend sur elle d'une manière effrayante. Je la vois par moments rougir, puis pâlir. Pauvre petite! Comme on la tourmente! Et comme Léontine est devenue sévère, dure, méchante même pour cette chère enfant! Pierre lui a donné de bien mauvais conseils. »

XII

RECHUTE

Deux jours se passèrent ainsi; Giselle rayonnait de sagesse; sa mère rayonnait de bonheur; M. de Gerville s'assombrissait de plus en plus.

Le troisième jour, Giselle, qui n'avait pas oublié la fête promise par son oncle, demanda à sa mère quelle robe elle mettrait.

LÉONTINE.

Je te fais faire une robe de mousseline blanche avec des rubans bleus.

GISELLE.

Pourquoi bleus? J'aime mieux des rubans blancs.

LÉONTINE.

Tout blanc te donnerait l'air de revenir d'une

première communion; d'ailleurs le bleu te va très bien, chère petite.

GISELLE.

Le bleu ne peut pas me bien aller, puisque j'ai les cheveux noirs.

LÉONTINE.

Qu'est-ce que cela fait? Le bleu va aussi bien aux brunes qu'aux blondes.

GISELLE.

Je suis sûre que non; et je ne mettrai certainement pas de rubans bleus.

LÉONTINE.

Il faudra bien que tu les gardes, ma minette chérie, puisqu'ils sont achetés et passés dans les ourlets de ta robe.

GISELLE.

Ça m'est bien égal. Qu'on les ôte et qu'on me mette des rubans blancs ou cerise.

LÉONTINE.

Ta bonne n'aurait plus le temps de les changer, chère enfant; il n'y a plus que deux jours d'ici à lundi.

GISELLE.

Il y en a trois, puisque c'est aujourd'hui jeudi.

LÉONTINE.

Parce que tu comptes le dimanche; mais tu

sais que ta bonne ne travaille pas le dimanche.

GISELLE.

Elle n'a qu'à travailler ce dimanche-là.

LÉONTINE.

Mais, Giselle, tu n'es pas raisonnable, chère enfant; je t'assure que ta robe sera charmante et qu'elle t'ira très bien.

GISELLE.

Mais je vous dis que je ne la mettrai pas.

LÉONTINE.

Oh! Giselle! mon enfant! Tu as été si bonne depuis quelques jours! Ne recommence pas tes méchancetés, je t'en supplie.

GISELLE.

Je ne recommencerai pas si vous êtes bonne pour moi; mais vous me tourmentez exprès, et cela m'ennuie à la fin. Ma tante m'avait dit que je serais heureuse et que tout le monde m'aimerait et me ferait plaisir; et je vois au contraire que plus je suis douce et plus vous me contrariez; papa n'ose plus me soutenir; il a pitié de moi, je le vois bien; parce qu'il m'aime, lui. Il ne ferait pas comme vous pour ma robe; il m'en achèterait une autre.

LÉONTINE.

Giselle, Giselle, tu n'es plus en ce moment ni douce, ni obéissante, ni polie.

GISELLE.

Oh! maman, chère maman, si vous m'aimez, accordez-moi ce que je vous demande. Faites acheter des rubans blancs, et faites recommencer ma robe.

LÉONTINE, *l'embrassant*.

Giselle, ma Giselle chérie; je t'aime, je ne demande qu'à te satisfaire; mais j'ai peur que.... (Léontine s'arrêta.)

GISELLE.

Peur de quoi, maman?... Dites, maman, dites.... de quoi avez-vous peur?

LÉONTINE.

J'ai peur que..., que si je te cède aujourd'hui, je sois obligée de te céder toujours, et que les scènes d'autrefois recommencent de plus belle.

GISELLE.

Non, non, ma bonne, ma chère maman, s'écria Giselle en serrant sa mère dans ses bras, en lui baisant les mains et les joues. Essayez seulement cette fois; vous verrez. Je ne vous demanderai plus rien, jamais.

LÉONTINE.

Puisque tu me le promets si positivement, enfant chérie, je veux bien céder à ton désir; mais rappelle-toi que ce n'est qu'une fois, par exception.

GISELLE.

Oui, bonne petite mère; allez vite dire à ma bonne de changer les rubans. »

Léontine quitta Giselle, dont l'air triomphant lui faisait sentir qu'elle aussi était retombée dans son accès de faiblesse. Elle donna ses ordres à la bonne, qui ne répliqua pas; elle savait combien il était inutile de lutter contre les volontés absolues de Giselle et la faiblesse des parents. Elle se prit à découdre les rubans.

LA BONNE.

C'est pourtant dommage de perdre tout cela, Madame.

LÉONTINE.

Ce ne sera pas perdu, Émilie. Prenez les rubans bleus pour vous ; vous en garnirez des bonnets.

LA BONNE.

Je remercie bien Madame ; il y en a une quantité considérable ; j'ai de quoi porter du bleu pendant cinquante ans au moins. »

Léontine rentra un peu triste. Giselle courut à elle, l'embrassa, la câlina; mais elle ne réussit pas à lui rendre sa gaieté.

Le matin de la fête, Giselle demanda à sa mère à quelle heure viendrait le coiffeur.

LÉONTINE.

Le coiffeur? Mais, chère enfant, je n'ai pas demandé de coiffeur ; ta bonne te coiffera tout aussi bien qu'un coiffeur.

GISELLE.

Mais pas du tout. Ma tante Noémi fait venir un coiffeur pour mes tantes Blanche et Laurence.

LÉONTINE.

Tes tantes sont de jeunes personnes de dix-huit et vingt ans, ma Giselle, et toi, tu es une petite fille. Tu es coiffée en boucles ; tu mettras ton filet à petites perles d'acier : ce sera plus joli et plus commode.

GISELLE.

J'ai pourtant vu aux Champs-Élysées trois petites filles qui vont chez mon oncle et qui ont un coiffeur.

LÉONTINE.

Ces petites filles sont ridicules, et je ne veux pas que tu sois ridicule.

GISELLE.

Je ne serai pas ridicule du tout, et je veux un coiffeur.

LÉONTINE.

Mais non, Giselle, je t'en prie, ne demande pas une chose absurde.

GISELLE.

Ce n'est pas absurde du tout, et je vais le demander à papa.

Et, avant que Léontine eût le temps de l'en empêcher, Giselle s'avança vers la chambre de M. de Gerville.

GISELLE, *se jetant au cou de son père.*

Papa, mon cher papa, venez à mon secours.

M. DE GERVILLE.

Qu'y a-t-il, mon ange chéri? Qu'y a-t-il?

GISELLE.

C'est maman qui me contrarie toujours ; je lui demande de faire venir un coiffeur pour que je sois bien arrangée chez mon oncle, et maman ne veut pas ; elle veut que je mette mon filet et que je reste comme je suis tous les jours.

— C'est trop fort, en vérité! s'écria M. de Gerville. Tu as bien fait, pauvre ange, de m'appeler à ton secours. Reste chez moi ; tu vas voir comme j'arrangerai tout cela. »

M. de Gerville sonna avec violence ; un domestique accourut.

« Joseph, allez vite chez un coiffeur, un bon coiffeur, le meilleur du quartier, et amenez-le pour coiffer Mlle Giselle. Qu'il apporte fleurs, rubans, tout ce qu'il faut. Dites-lui qu'il n'y a rien ici.

— Oui, M'sieur », répondit Joseph en dissimulant un sourire.

Un quart d'heure se passa, pendant lequel

M. de Gerville questionna sa fille sur les sévérités dont elle souffrait. Giselle, mécontente de sa mère, exagéra beaucoup les *exigences* de Léontine et sa propre soumission, si bien que lorsque le coiffeur entra, M. de Gerville était outré contre sa femme, contre son beau-frère, contre l'innocent M. Tocambel et l'excellente Mme de Monclair.

« Coiffez ma fille, dit-il au coiffeur d'un ton bourru.

LE COIFFEUR.

Comment faut-il coiffer Mademoiselle?

M. DE GERVILLE.

Comme elle voudra. Mettez-lui tout ce qu'elle voudra.

LE COIFFEUR.

Et quelle robe met Mademoiselle?

M. DE GERVILLE.

Mousseline blanche, parbleu! Quelle robe voulez-vous qu'elle mette? »

Le coiffeur, intimidé par le ton irrité de M. de Gerville, ne fit pas d'autres questions, et ouvrit un grand carton de fleurs et de rubans.

« Qu'est-ce que Mademoiselle prendra dans tout cela? » dit-il.

Giselle, qui n'entendait rien aux coiffures ni aux fleurs, trouva charmant tout ce qu'elle voyait et finit par se décider pour une couronne de grosses roses blanches, de muguets et de lilas, terminée par un large ruban blanc qui faisait le nœud par derrière et retombait comme une ceinture jusqu'à ses jarrets.

Le coiffeur avait vu de suite qu'il avait affaire à une petite fille gâtée ; il ne fit aucune objection et la coiffa selon le mauvais goût qu'elle avait montré dans le choix des fleurs.

Quand il eut fini, Giselle, après s'être regardée dans la glace, se fit voir triomphante à son père. Malgré son admiration pour Giselle, il ne put s'empêcher de trouver la coiffure ridicule et laide. Le coiffeur était parti.

« Ma pauvre petite, dit doucement M. de Gerville, je ne trouve pas que ce soit très joli.

GISELLE.

Comment ? Pourquoi ?

M. DE GERVILLE.

C'est un peu trop gros. Cette masse blanche te donne une figure toute drôle. »

En disant ces mots, M. de Gerville ne put s'empêcher de rire un peu. Giselle s'étonna d'abord, et puis se fâcha, ce qui augmenta l'aspect ridicule de sa personne ; ce petit visage rouge de colère, couronné par une touffe énorme de lourdes fleurs blanches, offrait un aspect si bizarre que M. de Gerville fut pris d'un fou rire que ni la colère, ni les injures de Giselle ne purent calmer. Furieuse, désolée, oubliant qu'elle était en brouille avec sa mère, elle courut dans la chambre de Léontine, entra précipitamment et s'arrêta en se trouvant en face de sa mère, de M. Tocambel et de Mme de Monclair.

Tous trois partirent d'un éclat de rire devant la tête incroyable de Giselle. Cette dernière fondit en larmes ; mais sa douleur augmenta le ridicule de sa coiffure. Léontine eut pourtant le courage de prendre son sérieux, tandis que M. Tocambel riait aux éclats et que Mme de Monclair se tordait de rire dans son fauteuil.

LÉONTINE.

Qui est-ce qui t'a coiffée si ridiculement, ma pauvre enfant ?

GISELLE, *sanglotant*.

C'est papa. Et puis, il s'est moqué de moi, et je ne veux pas qu'on se moque de moi.

MADAME DE MONCLAIR, *riant toujours*.

C'est son père qui l'a coiffée ! Ha, ha, ha ! charmant, charmant ! Il faut que je lui fasse compliment sur son bon goût. Victor, Victor ! cria-t-elle en se dirigeant vers la chambre de son neveu.

VICTOR, *riant encore*.

Quoi, ma tante ? Que voulez-vous ?

MADAME DE MONCLAIR.

Venez, mon ami, venez vite.

Tous trois partirent d'un éclat de rire devant la tête incroyable de Giselle.

Et, l'entraînant dans la chambre de Léontine :

« Contemplez votre ouvrage ! Quel bon goût ! quelle légèreté ! Et ce nœud qui lui bat les talons ! Parfait ! Je vous retiens pour le premier costume de folle que j'endosserai. Je ne vous connaissais pas ce talent de coiffeur. »

Victor ne comprenait pas bien les compliments moqueurs que lui adressait sa tante ; mais un regard jeté sur la malheureuse Giselle lui rendit son accès de gaieté.

LÉONTINE, *bas à son mari*.

C'est donc une leçon que vous avez voulu donner à Giselle ? Je vous en remercie, Victor ; c'est la meilleure qu'elle puisse recevoir. »

Victor, encore plus surpris, demanda une explication, que Léontine s'empressa de lui donner. Victor, « honteux et confus (comme le corbeau de la fable), jura, mais un peu tard, qu'on ne l'y prendrait plus ». Il s'avoua coupable, convint que Léontine avait eu raison, que Giselle avait eu tort, reçut avec humilité les reproches de Mme de Monclair, les observations de Léontine, les apostrophes un peu moqueuses de M. Tocambel, et se retira en promettant de ne se plus mêler de Giselle ni de ses caprices.

Giselle était humiliée et très mécontente. Elle arracha fleurs et rubans, les jeta par terre et allait les piétiner, quand Léontine se précipita pour les ramasser et les mettre en sûreté.

MADAME DE MONCLAIR, *sérieusement.*

Giselle, tu n'as pas bonne mémoire, ma fille ; tu as oublié ma recette. »

Giselle ne répondit que par un regard furieux.

MADAME DE MONCLAIR, *riant.*

Que tu es laide, ma pauvre fille ! Que tu es laide !

GISELLE.

Ce n'est pas vrai ! Je suis toujours jolie. Je le vois dans la glace.

MADAME DE MONCLAIR, *riant plus fort.*

C'est que tu vois trouble. Moi qui y vois clair, je dis que tu es laide, désagréable à regarder ; de plus, je vois l'impertinence qui s'amasse sur ta langue, et je m'en vais. Venez, mon ami, dit-elle en s'adressant à M. Tocambel, allons chez Pierre et laissons Léontine se tirer d'affaire comme elle pourra. Ha, ha, ha ! quelle figure a cette Giselle ! »

Elle sortit en riant ; M. Tocambel la suivit, riant aussi. Giselle était furieuse. Léontine la regardait avec pitié.

LÉONTINE.

Et moi qui te croyais corrigée, ma pauvre Giselle ! Ta physionomie même commençait à prendre une expression douce et agréable. Quand je t'ai cédé pour les rubans blancs, tu m'avais bien promis que tu ne demanderais plus rien quand je te refuserais.

GISELLE.

C'est votre faute. Vous m'avez trop tourmentée !

LÉONTINE, *avec tristesse*.

Je t'ai tourmentée, moi ? Oh ! Giselle, tu ne le penses pas ; pourquoi me fais-tu le chagrin de le dire ?

GISELLE.

Papa me l'a dit ; et je le pense, et je le dirai toujours.

LÉONTINE.

Papa te l'a dit ? Quand donc ? Ce n'est pas possible.

GISELLE.

Il me l'a dit tout à l'heure. Il a dit que vous me rendiez malheureuse, et il a envoyé chercher le coiffeur pour me consoler. »

Léontine ne répondit pas ; elle tomba dans un fauteuil et cacha son visage dans ses mains.

Giselle, satisfaite et inquiète pourtant de l'effet qu'elle avait produit, s'approcha doucement de sa mère pour voir si elle pleurait réellement. Par une secousse légère elle écarta les mains de sa mère et vit son visage inondé de larmes. Un demiremords entra dans son cœur, et fit place à la crainte d'une punition.

« Si maman m'empêchait d'aller chez mon oncle Pierre! » pensa-t-elle.

« Maman! dit-elle après un instant d'hésitation.

LÉONTINE.

Que veux-tu, Giselle?

GISELLE.

Maman, ne soyez pas fâchée contre moi; pardonnez-moi.

LÉONTINE, *avec tristesse.*

Je te pardonne, Giselle. Que le bon Dieu te pardonne comme je le fais. »

Giselle ne répondit pas.

LÉONTINE

Va dire à ta bonne de t'habiller. Il est bientôt temps de partir. Ton oncle t'a prévenue qu'il fallait venir de bonne heure pour voir Guignol. »

Giselle sortit très contente; elle avait craint un instant ce qu'elle appelait une *vengeance* de sa mère.

Léontine sonna sa femme de chambre et s'habilla de son côté.

XIII

LA LOTERIE

Quand elle fut prête, elle alla chercher Giselle et son mari; ils montèrent tous trois en voiture sans parler. Victor était embarrassé vis-à-vis de sa femme, qu'il avait blâmée devant Giselle, et de sa fille, qu'il avait écoutée et gâtée au delà de tout ce qu'il avait fait jusqu'alors. Léontine était préoccupée et triste; elle n'avait pas même regardé Giselle avant de monter en voiture. Giselle était vexée que sa mère ni même son père n'eussent pas admiré sa belle toilette.

Il y avait déjà plusieurs personnes quand ils entrèrent. Les enfants s'amusaient dans le jardin. M. de Néri et sa femme ne purent retenir une exclamation de surprise en apercevant Giselle. Elle avait fait ajouter à sa robe une masse de rubans, en défendant à sa bonne d'en parler à sa mère. Elle avait emporté les fleurs qui avaient orné sa tête : elle en avait piqué une grande partie dans les mailles de son filet; l'énorme nœud n'avait pas été oublié : elle l'avait attaché à la nuque.

PIERRE, *riant*.

Ma pauvre Léontine, pourquoi as-tu affublé Giselle de tous ces rubans et de ces fleurs? »

Léontine, étonnée, se retourna, regarda Giselle un instant.

LÉONTINE.

Ce n'est pas moi, mon ami; c'est elle-même qui s'est rendue ridicule.

PIERRE.

Il y a donc eu lutte grave, ma pauvre sœur?

LÉONTINE.

Plus grave que jamais. Je t'en reparlerai. »

Léontine alla embrasser ses sœurs et saluer les personnes de connaissance. Giselle s'était esquivée pour aller au jardin, où elle excitait le rire des enfants.

LE COUSIN JACQUES.

Tu as l'air d'un Mont-Blanc, Giselle.

LE COUSIN LOUIS.

Ou d'un fromage à la crème.

LE COUSIN PAUL.

Ou d'une grosse boule de neige.

LAURENCE.

Pourquoi donc es-tu tout en blanc?

UNE AMIE.

C'est qu'elle veut être comme une mariée probablement.

UNE AUTRE AMIE.

Pourquoi t'a-t-on mis tant de rubans?

UN PETIT GARÇON.

Tiens! C'est commode pour jouer au cheval; les longs rubans par derrière feront les guides. »

Le petit Georges s'écrie : « C'est vrai, ça! » Il saisit les longs bouts pendants, les tire en disant : « Hue, dada! Hue donc! » Giselle se fâche, le repousse; Georges tombe; les enfants l'entourent et l'embrassent en disant :

« Sauvons-nous de Giselle; elle va nous jouer quelques méchants tours comme aux Champs-Élysées. »

Ils s'éloignent et emmènent Georges. Giselle les suit; ils se mettent à courir; Giselle les poursuit; ils l'entourent, font une ronde autour d'elle et chantent :

> Tournons, tournons autour du Mont-Blanc,
> Goûtons, goûtons si c'est un fromage.
> Voyons, voyons ces longs rubans blancs.
> Non, non, fuyons, Giselle est en rage.

Giselle, en effet, était furieuse; entourée par une ronde de vingt enfants, et voulant les éviter, elle se précipitait de droite à gauche pour pouvoir s'échapper; mais la ronde tournait avec une telle rapidité qu'il lui était impossible de passer, ni même de saisir quelqu'un au passage. Les plus malins tiraient un ruban, attrapaient une fleur, qui leur restaient dans les mains; *la queue* fut le premier trophée enlevé à l'ennemi; au bout de cinq minutes sesdépouilles jonchaient le terrain.

Les cris de rage de Giselle, entremêlés des chants et des cris de joie des enfants, n'avaient pas d'abord attiré l'attention des grandes personnes restées dans les salons; mais la prolongation de ce tumulte, au milieu duquel dominaient parfois les cris de fureur de Giselle, inquiéta M. de Néri. Il vint jeter un coup d'œil sur cette ronde qui tournait comme un ouragan, et vit de suite que ce jeu, amusant pour les uns, ne l'était pas pour tous. Il le fit arrêter, et en retira Giselle.

M. DE NÉRI.

C'est un mauvais jeu, mes enfants; il ne faut jamais s'amuser aux dépens de personne. Ce qui vous semble si drôle fait pleurer la pauvre Giselle.

« Tournons, tournons autour du Mont-Blanc. » (Page 173.)

LES ENFANTS.

Nous ne voulions pas la faire pleurer, Monsieur; nous ne lui faisions pas de mal.

M. DE NÉRI.

Vous ne vouliez pas, mais vous l'avez fait. Vous lui avez arraché tous ses rubans, sa belle queue, vous l'avez décoiffée, vous lui avez fait des trous à sa robe, et vous ne trouvez pas que vous lui ayez fait de mal? Si vous recommencez chose pareille, il n'y aura de loterie que pour les enfants sages. »

Blanche et Laurence étaient arrivées; elles cherchèrent à consoler Giselle, et l'emmenèrent pour la recoiffer et arranger sa robe chiffonnée et un peu déchirée.

Pierre alla raconter à Léontine ce qui venait de se passer; la voyant très effrayée, il la rassura et lui dit que Blanche et Laurence s'occupaient de réparer le désordre de la toilette de Giselle; il engagea Léontine à ne pas y aller, de peur d'exciter quelque impertinence, quelque scène de sa fille.

Et il promit que ses sœurs ne quitteraient plus le jardin, pour empêcher une nouvelle invention malheureuse des enfants réunis.

Giselle ne tarda pas à revenir avec ses tantes, qui l'avaient parfaitement coiffée et arrangée, de sorte qu'elle était très bien au lieu d'être ridicule.

Elle-même le sentait; son visage s'était éclairci; sa colère avait fait place à un sourire satisfait; elle reçut sans bouderie les regrets exprimés par les enfants et eut l'air de ne plus songer qu'à s'amuser.

Guignol ne tarda pas à tirer son rideau et commença sa représentation, qui excita, comme toujours, la joie et la gaieté : Guignol se surpassa; Polichinelle fut plein d'esprit et de méchanceté; le commissaire fut plus malin que jamais; les autres personnages, y compris le diable, furent charmants, chacun dans son genre.

La représentation finit au grand regret de tous les spectateurs. Il y eut un ah! général quand le rideau se rouvrit, et que Polichinelle et le diable apparurent tenant chacun un sac à la main.

Polichinelle n'a pas très bon ton, comme le savent tous ceux qui l'ont entendu; il se mit à crier :

« Sac à papier! arrêtez donc, vous autres; mon ami le diable et moi, nous avons quelque chose à vous donner.... Ventre-saint-gris! vous n'entendez pas? Arrivez tous, chacun votre tour. Tendez la main. »

Les enfants défilèrent l'un après l'autre et reçurent chacun un billet de loterie noir du diable et deux billets rouges de Polichinelle.

Le diable, en donnant son billet, tirait la langue,

une énorme langue rouge et pointue, ou bien il donnait une tape avec son billet, ou une chiquenaude sur le nez. Polichinelle, au contraire, promettait des lots superbes, demandait aux garçons de l'embrasser, et pestait contre son nez qui le gênait pour baiser la main des petites filles et des demoiselles.

Tout le monde était venu voir Guignol et la distribution des billets de loterie. Quand tous les enfants eurent leurs billets, Polichinelle fit voir encore quelques billets en disant :

« J'en ai encore à donner aux personnes aimables et sages. Mesdemoiselles Blanche et Laurence, par ici, par ici. Votre vieil ami Polichinelle vous attend, tout prêt à vous servir. Voilà, voilà ! »

Polichinelle donna des billets à Blanche et à Laurence qui riaient, et leur envoya un petit baiser, comme un de leurs plus anciens amis.

Polichinelle regarda et appela encore M. Tocambel.

« Par ici, mon frère; par ici, cria-t-il. Tu vois bien que je suis ton jumeau. Beau nez, ma foi ! Il manque la bosse; mais ça viendra; le commencement y est.

— Polichinelle, mon frère, répondit M. Tocambel, donne-moi un billet et un bon; traite-moi en frère, puisque tu m'appelles ainsi.

— Voilà, voilà ! frère. Un beau lot, tu verras. »

Polichinelle lui présenta un billet et disparut en riant comme un fou. Le diable, qui était mieux élevé, salua la compagnie à droite, à gauche, au milieu, et le rideau tomba.

La musique se fit entendre; on se mit à danser des galops, des contredanses, des rondes; quand les enfants se sentirent fatigués, on se mit à table; un excellent dîner fut servi; les enfants le mangèrent de bon appétit; les parents furent servis après les enfants, pendant la loterie. Les lots étaient jolis; les billets de Polichinelle gagnaient des choses charmantes; les billets du diable gagnaient des lots absurdes : des verges, des carottes, des oignons, des navets, pommes de terre, cailloux, clous, vieux chiffons, etc. A la suite de tous les lots, arriva celui de M. Tocambel. Mme de Monclair voulut l'ouvrir elle-même malgré les réclamations de M. Tocambel.

« Je ne veux pas, disait-il; vous allez me jouer quelque tour; je vous dis que je veux ouvrir mon paquet moi-même; donnez-moi cela, baronne; cela m'appartient; vous n'avez pas le droit d'y toucher.

MADAME DE MONCLAIR.

Ah! je n'ai pas le droit, mon bonhomme. Vous croyez cela. Je me le donne, moi. »

Cric, crac! Le papier d'enveloppe fut déchiré, Mme de Monclair éleva le bras et fit voir à tout le monde une paire de brodequins en maroquin rouge, pour de très petits pieds de femme, dignes de chausser le pied de Cendrillon.

« Bravo! cria-t-on. C'est charmant. Il faut les essayer. »

Quand Mme de Monclair abaissa le bras, on l'entoura pour examiner les petits brodequins, et l'on vit avec surprise que l'un d'eux contenait les ustensiles nécessaires à la toilette, et l'autre tout ce qu'il fallait pour écrire.

« Avez-vous de la chance! lui dit Mme de Monclair en rendant à M. Tocambel sa paire de brodequins. J'aurais dû les garder, je suis réellement trop honnête.

— Voulez-vous me les donner? mon bon ami, dit Giselle d'un air câlin.

M. TOCAMBEL.

Non! ma belle enfant; je les garde pour moi.

GISELLE.

Je vous en prie, mon bon ami, donnez-moi ces brodequins; ils sont trop jolis pour vous.

M. TOCAMBEL.

Comment, trop jolis pour moi! Voyez-vous cela! Sachez, ma belle enfant, qu'il n'y a rien de trop joli pour moi, du moment que votre oncle et votre tante l'ont jugé ainsi.

GISELLE.

Vos brodequins sont plus jolis que ce que j'ai gagné, voulez-vous changer? Je vous donnerai ma glace à pied et mon beau couteau à papier en ivoire sculpté, et vous me donnerez vos jolis brodequins.

Voyons, mon bon ami, décidez-vous.

M. TOCAMBEL.

Mais je suis tout décidé ; je garde mon lot et je vous laisse les vôtres.

GISELLE.

Je ne veux pas de mes lots, ils ne sont pas jolis ; on a choisi pour moi les plus laids. »

Les enfants qui l'entouraient l'assurèrent que son couteau à papier était très beau et que sa glace à pied montée en bronze était charmante.

GISELLE.

Et à quoi ça me servira-t-il? J'ai des glaces partout et des couteaux dans tous les coins.

GEORGES.

Alors, veux-tu me donner ton couteau? Je n'en ai pas, tout juste.

GISELLE.

Non ; je veux le jeter.

THÉODORE.

Oh! je t'en prie, ne le jette pas, il est si joli! Donne-le-moi plutôt que de le jeter.

GISELLE.

Je ne veux le donner à personne, je veux le jeter.

THÉODORE.

Ah bien! je te suivrai partout, et quand tu le jetteras, je le ramasserai.

MICHEL.

Et moi donc, je la suivrai aussi, et comme je suis leste, c'est moi qui l'aurai. »

Les autres enfants en dirent autant, de sorte que lorsque Giselle impatientée voulut s'en aller, elle fut escortée par une trentaine d'enfants qui la suivaient de près.

« Laissez-moi! cria Giselle, je veux m'en aller.

LES ENFANTS.

Nous ne t'empêchons pas de t'en aller; seulement nous ne voulons pas laisser perdre tes jolis lots. »

Giselle essaya de courir, mais tous les enfants couraient après elle : plus Giselle s'impatientait et plus les enfants s'amusaient à la taquiner. Des deux côtés on commençait à se fâcher. Giselle, en voulant les faire partir, donnait des tapes et disait des injures; les enfants ripostaient et menaçaient de lui arracher ses lots de force.

Laurence s'approcha du groupe serré et bourdonnant comme une ruche d'abeilles.

LAURENCE.

Que faites-vous donc, enfants? Pourquoi Giselle a-t-elle l'air si fâché?

GISELLE.

Ma tante, ils veulent me prendre mes lots.

JULIETTE.

Ce n'est pas vrai; nous voulons t'empêcher de les jeter et de les perdre.

LAURENCE.

Pourquoi les jeter? et à qui les jeter?

JULIETTE.

A personne; Giselle veut jeter les lots qu'elle a gagnés, parce qu'elle est jalouse des brodequins de M. Tocambel.

GISELLE.

Je ne suis pas jalouse du tout; cela m'est bien égal.

THOMAS.

Puisque tu les as demandés, cela ne t'est pas égal, tu vois bien.

GISELLE, *avec colère*.

Laisse-moi tranquille; je te dis que ça m'est égal.

LAURENCE, *avec douceur*.

Giselle, Giselle, est-ce qu'on répond ainsi? Sois gentille; tu vois qu'ils s'amusent tous à te mettre en colère, parce qu'ils voient que tu te fâches pour un rien. Viens avec moi, Giselle ; nous irons rejoindre maman.

GISELLE.

Non, je ne veux pas aller rejoindre maman.

LAURENCE.

Mais c'est maman qui te fait dire de venir.

GISELLE.

Qu'elle vienne me voir si elle veut ; moi je suis avec mes amis.

LAURENCE.

Des amis avec lesquels tu te disputais joliment quand je suis venue.

GISELLE.

Parce qu'ils sont bêtes et insupportables, mais je veux rester avec eux.

LAURENCE.

Eh bien! puisque tu ne veux pas venir, reste avec eux ; je m'en vais. »

Et Laurence alla rejoindre sa sœur.

MAURICE, *à Giselle.*

Je te remercie bien de nous trouver bêtes et insupportables! Vengeons-nous, mes amis, vengeons-nous!... A nous les lots! »

Tous les enfants s'élancèrent comme pour monter à l'assaut ; Giselle, qui ne s'attendait pas à ce mouvement, fut en une seconde dépouillée de son couteau à papier et de sa glace à pied ; après quoi les vainqueurs furent attaqués par ceux qui avaient eu moins d'habileté et de bonheur ; au milieu des rires et des cris de joie, le couteau et la glace de Giselle passèrent de main en main jusqu'à ce que les deux objets fussent brisés en morceaux.

XIV

M. TOCAMBEL EST VOLÉ

Pendant ce jeu si amusant, Giselle avait couru dans le salon pour trouver son père, dont elle espérait du secours. Elle fut assez longtemps avant de le trouver. Il causait avec quelques amis et vantait tout juste les qualités charmantes de sa fille, lorsque Giselle, l'ayant enfin aperçu, courut à lui.

GISELLE.

Papa, venez vite à mon secours; ces méchants enfants m'ont arraché les lots que j'ai gagnés; ils ne veulent pas me les rendre; ils se battent entre eux pour les avoir et ils vont les casser.

M. DE GERVILLE.

Tes tantes ne sont donc plus au jardin?

GISELLE.

Non, elles sont allées manger; elles m'ont laissée seule au milieu de tous ces méchants. »

M. de Gerville suivit sa fille au jardin. Il eut quelque peine à arrêter le jeu des enfants, et à leur faire comprendre qu'il voulait ravoir le couteau et la glace de Giselle.

Une des petites filles en rapporta les restes à M. de Gerville.

HÉLÈNE.

Voici tout ce que j'ai pu trouver, Monsieur; ils ont tout cassé à force de tirer dessus.

GISELLE.

Vous voyez, papa, comme ils sont méchants. Je n'ai plus rien maintenant. Tout le monde a de jolies choses; moi seule je n'ai rien.

M. DE GERVILLE.

Pauvre petite! Que faire? Ces vilains enfants t'ont volé tes lots.

HÉLÈNE.

Mais, Monsieur, ils ne les ont pas volés; c'est parce que Giselle n'en voulait pas et qu'elle voulait les jeter, qu'ils se sont précipités dessus.

M. DE GERVILLE.

Comment, Mademoiselle, Giselle pouvait-elle n'en pas vouloir, puisqu'elle pleure de ne plus les avoir?

HÉLÈNE.

Oh! Monsieur! cela ne veut rien dire, ça; nous la connaissons bien, allez. Elle pleure de colère; aux Champs-Élysées et aux Tuileries elle fait toujours de même.

M. DE GERVILLE.

Mademoiselle, il ne faut pas croire tout ce que ces enfants vous disent de Giselle.

HÉLÈNE.

Ce n'est pas des choses qu'on m'a dites, Monsieur; c'est moi-même qui l'ai vu bien des fois. Ainsi, vous croyez qu'elle pleure pour avoir ses lots : pas du tout; elle pleure parce qu'elle voulait avoir les brodequins de M. Tocambel, qui n'a pas voulu les lui donner.

M. DE GERVILLE.

Les brodequins de M. Tocambel! Comment, c'est-il possible! Qu'en aurait-elle fait?

HÉLÈNE.

Ce sont des brodequins qu'il a gagnés, Monsieur, et que Giselle voulait avoir. N'est-ce pas, Giselle?

GISELLE.

Laisse-moi tranquille. Tu es une méchante comme les autres.

HÉLÈNE.

Vous voyez, Monsieur, comme elle est en colère.

M. DE GERVILLE.

Il faut avouer, Mademoiselle, que vous lui dites des choses bien désagréables et qui, je le crains, ne sont pas vraies par-dessus le marché.

HÉLÈNE.

Oh! pour vraies, elles le sont; vous pouvez demander à tous nos amis. »

M. de Gerville lança à Hélène un regard indigné et emmena Giselle en lui disant :

« Viens, mon pauvre amour, mon ange chéri; je te remplacerai ton couteau et ta glace; en sortant d'ici, nous irons les acheter.

GISELLE.

Je n'en veux pas; c'est laid et ça ne me sert à rien.

M. DE GERVILLE.

Comment, mon ange? Je croyais que tu pleurais de chagrin de ne plus les avoir.

GISELLE.

Non; je pleurais parce que je voulais avoir les brodequins de M. Tocambel et qu'il ne voulait pas me les donner. Tenez, tenez, papa, les voilà! je les vois sur la table en bois de rose, dans le coin! Il les a oubliés. Venez voir comme c'est joli. »

M. de Gerville se laissa entraîner près de la table pour voir les brodequins; il les trouva charmants.

M. DE GERVILLE.

Je t'en achèterai de tout pareils, cher amour; l'adresse du marchand est dessous.

GISELLE.

Non, papa, je ne veux pas les pareils; je veux ceux-ci.

M. DE GERVILLE.

Mais ils sont à M. Tocambel, cher amour! il va venir les chercher.

GISELLE.

Et il ne les trouvera plus, si je les emporte.

M. DE GERVILLE.

Non, non, ma Giselle; impossible, mon cher amour. Ce serait malhonnête.

GISELLE.

Vous allez de suite en acheter chez le marchand et vous les mettrez ici.

M. DE GERVILLE.

Il vaut mieux que j'aille les acheter pour toi, je les mettrai dans ta chambre.

GISELLE.

Non, ils ne seront pas aussi jolis que ceux-ci; je veux ceux-ci.

M. DE GERVILLE.

Comment ferais-tu pour les emporter? Tout le monde te les verrait dans les mains.

GISELLE.

Oh non! je ne suis pas bête, moi; j'en mettrai

un dans chacune de vos poches; personne ne pourra les voir comme cela.

M. DE GERVILLE.

Pas du tout; je ne veux pas avoir l'air d'un voleur. »

Giselle eut beau supplier son père, il refusa de lui laisser prendre le lot de M. Tocambel et lui promit seulement d'aller de suite lui acheter des brodequins tout semblables.

Il sortit. Giselle resta seule; les enfants étaient au jardin. Elle regarda encore les brodequins tant désirés, hésita un instant, puis, cédant à la tentation, elle les saisit et en mit un dans chacune de ses poches.

Pour son malheur, un des enfants l'avait vue saisir quelque chose et puis se sauver. Il alla voir ce qui manquait à la place que venait de quitter Giselle et il s'aperçut que c'étaient les brodequins de M. Tocambel qui étaient disparus. Il courut rejoindre ses amis et leur raconta ce qu'il venait de voir.

La nouvelle circula bien vite parmi les enfants; chacun faisait ses réflexions sur ce vol *abominable*; peu d'enfants y voulaient croire, lorsqu'un des plus grands et des plus futés proposa d'aller voir au petit salon si les brodequins y étaient encore.

« Ils y étaient il y a cinq minutes, dit-il; c'est

« J'en mettrai un dans chacune de vos poches. » (Page 191.)

M. Tocambel lui-même qui les a posés sur la petite table en bois de rose, près de la cheminée.

— Allons voir, allons voir! » s'écrièrent une douzaine de voix. Une partie des enfants s'élança dans le petit salon et n'y trouva plus les brodequins.

« Ils n'y sont plus! Ils ont disparu tous les deux! » crièrent-ils, en rejoignant les autres au jardin.

Tous les regards se portèrent sur Giselle, qui ne disait rien et qui se tenait assise sur un pliant sans regarder personne.

ROSALIE.

Giselle, sais-tu ce que sont devenus les brodequins dont tu avais si envie?

GISELLE.

Comment veux-tu que je le sache? On ne me les a pas donnés à garder.

FÉLICIE.

André dit que c'est toi qui les as pris.

GISELLE.

Quelle bêtise! Et tu crois cela, toi?

CONSTANCE.

Mais..., écoute donc!... André dit qu'il l'a vu.

GISELLE.

N'écoutez donc pas un petit menteur comme André.

ANDRÉ.

« Je ne suis pas un menteur. Je t'ai vue prendre quelque chose. »

Giselle, ne sachant que dire, poussa André et alla rejoindre sa mère au salon. Elle devinait que bientôt elle aurait besoin de protection.

La rumeur qu'avait causée parmi les enfants la nouvelle de la disparition des brodequins de M. Tocambel se propagea dans les salons et arriva jusqu'à M. Tocambel. Dès que les enfants, qui étaient à l'affût, surent que M. Tocambel se disposait à aller voir par lui-même si ses brodequins avaient été enlevés, ils accoururent en groupes divers près de lui et le suivirent en masse compacte pour voir ce qui allait se passer.

Du premier coup d'œil jeté sur la petite table du salon, M. Tocambel reconnut que son lot lui avait été véritablement enlevé.

M. TOCAMBEL.

Qui peut avoir commis une action aussi basse? ou plutôt qui peut avoir imaginé cette mauvaise plaisanterie? »

Un bruit sourd de : *c'est Giselle* courut parmi les enfants et arriva jusqu'aux oreilles de M. Tocambel.

M. TOCAMBEL.

Mes chers enfants, j'entends circuler le nom

de Giselle. L'un de vous l'aurait-il vue toucher aux brodequins?

PLUSIEURS VOIX.

Non, Monsieur.

M. TOCAMBEL.

Pourquoi alors, mes enfants, vous permettez-vous une aussi grave accusation? Savez-vous que ce serait un vol dont elle se serait rendue coupable? Et puisqu'elle n'a pas touché à mon lot, rien ne doit vous faire croire qu'elle l'ait emporté.

ANDRÉ.

C'est vrai, Monsieur, mais....

M. TOCAMBEL.

Mais quoi, mon ami? Expliquez-vous sans crainte.

ANDRÉ.

Monsieur, nous le croyons tous, à cause de ce qu'elle disait et de l'envie qu'elle en avait; et nous qui la connaissons, nous savons que lorsqu'elle a envie de quelque chose, il faut qu'elle l'ait.

M. TOCAMBEL.

C'est bien; je vais aller lui parler; mais je vous conseille sérieusement, mes enfants, de ne pas juger sans preuves, comme vous venez de le faire. »

M. Tocambel retourna dans le grand salon, accompagné de sa nombreuse suite, qui tenait à connaître la fin de l'affaire; tous accusaient en eux-mêmes Giselle.

« Giselle, dit M. Tocambel en la regardant fixement, je ne retrouve pas mes brodequins.

— Quel dommage! répondit Giselle, ils étaient si jolis!

M. TOCAMBEL.

C'est surtout dommage pour vous, Giselle, car pour moi, vous pensez bien que je ne me serais jamais servi d'objets aussi mignons.

GISELLE, *vivement*.

A qui donc les auriez-vous donnés?

M. TOCAMBEL, *souriant*.

A vous, peut-être.

GISELLE.

A moi! s'écria Giselle en se levant et en se jetant dans ses bras. A moi! Que vous êtes bon! Comme je suis contente! Je peux donc les garder?

M. TOCAMBEL.

Les garder! Mais, ma pauvre Giselle, il n'y a plus rien à garder : ils ont disparu.

GISELLE.

Oh! on les retrouvera bien certainement; alors ils seront à moi.

M. TOCAMBEL.

Cela dépend comment et où on les retrouvera.

Mais comment reconnaître le voleur?... où les chercher? à qui les demander?

GISELLE.

Ce ne sera pas difficile! Je vous les retrouverai si vous voulez.

M. TOCAMBEL.

Vous? Vous savez donc où ils sont! Vous savez qui les a pris? »

Giselle s'aperçut que, dans sa joie d'avoir les brodequins tant désirés, elle s'était dévoilée et qu'il lui serait difficile de reculer. Elle rougit beaucoup et répondit avec hésitation :

« Non, je ne sais pas,... mais... ils se retrouveront, je pense.

M. TOCAMBEL.

Je les chercherai, Giselle, et je crois que je les trouverai. Et vous, mes enfants, ajouta-t-il en se retournant vers sa nombreuse suite, n'accusez plus si légèrement. Ces brodequins auront été emportés avec d'autres objets, et je ne tarderai pas à les retrouver.

GISELLE.

Est-ce que vous ne me les donnerez pas, mon bon ami? Vous me les aviez promis.

— Non, répondit M. Tocambel en la regardant d'un œil sévère. Je veux les garder; je ne vous les ai pas promis. »

Les enfants, satisfaits du dénoûment, se dispersèrent dans le jardin. Giselle voulait rester, mais sa tante de Monclair l'obligea à rejoindre ses amis ou plutôt ses ennemis.

Quand M. Tocambel resta seul avec Léontine et sa tante de Monclair, il s'assit entre elles. Léontine lui serra les mains.

LÉONTINE.

Merci mille fois, mon ami, de la manière délicate dont vous avez tout arrangé. J'avoue que, tout en devinant le voleur, je ne comprends rien à la manière d'agir de Giselle. Quels ont pu être son motif et son but? Une espièglerie, sans doute; elle les aura cachés.

M. TOCAMBEL.

J'espère avoir un peu arrangé la chose vis-à-vis des enfants, mais il en restera une impression fâcheuse pour Giselle, qui est évidemment la coupable. C'est ce que j'irai savoir demain.

LÉONTINE.

Quand donc aurai-je le bonheur de la voir corrigée?

MADAME DE MONCLAIR.

Comment veux-tu qu'elle change comme d'un coup de baguette? Tu l'as gâtée pendant dix ans; et ton mari plus que toi encore. Crois-tu pouvoir changer en un jour une nature si mal dirigée! »

Les parents avaient presque tous emmené leurs enfants. Noémi et Pierre étaient revenus près du cercle du salon; ils causèrent quelque temps de Giselle et de ses défauts, auxquels Léontine ne croyait pas encore beaucoup; tout le monde était parti; il était huit heures. Noémi alla faire coucher ses enfants; la bonne de Giselle l'avait déjà emmenée. Léontine acheva la soirée chez son frère avec sa tante et son vieil ami. Victor n'avait pas reparu.

XV

LES BRODEQUINS SONT RETROUVÉS
ÉCLAIR DE SAGESSE

Le lendemain, M. Tocambel entra chez M. de Gerville.

M. TOCAMBEL.

Je viens vous demander à déjeuner, Victor; mais avant d'entrer au salon chez Léontine, je suis venu réclamer mes brodequins à Giselle.

M. DE GERVILLE, *avec embarras.*

Vos brodequins? Quels brodequins?

M. TOCAMBEL.

Ceux que j'ai gagnés hier et que Giselle a cachés sans doute ou emportés par mégarde.

M. DE GERVILLE, *de même.*

Giselle! Comment ça? Je ne comprends pas.

M. TOCAMBEL, *riant*.

Si fait, si fait, vous comprenez à peu près. Giselle a succombé à la tentation et je viens reprendre mon bien.

M. DE GERVILLE.

Mon cher Monsieur,... je suis bien fâché... que vous puissiez croire....

M. TOCAMBEL.

Voyons, mon ami, finissons la plaisanterie. Vous êtes... trop bon père, comme toujours. Je réclame mes jolis brodequins, et je viens demander à Giselle de me les rendre. Au revoir, mon cher; à déjeuner. »

M. Tocambel sortit de chez M. de Gerville et alla chez Giselle.

« Giselle, dit-il en entrant, je vous prie de me rendre mes brodequins que vous avez emportés, j'en ai besoin.

GISELLE.

Je ne les ai pas; je ne peux pas vous les rendre.

M. TOCAMBEL.

Mais vous les avez pris hier; j'en suis sûr.

GISELLE.

Si je les ai pris, je les garde; ils ne sont plus à vous.

M. TOCAMBEL.

Giselle, prenez garde à ce que vous faites. Je

veux que vous me rendiez ce qui est à moi. Si vous me le refusez, je vais de ce pas chercher un sergent de ville, qui vous mènera chez le commissaire de police ; je déposerai ma plainte : on vous mettra en prison, ce qui ne sera pas agréable, je vous le garantis. »

Giselle, effrayée d'abord, se rassura par la pensée que M. Tocambel n'oserait pas faire ce qu'il disait. Elle ne voulut donc ni répondre ni bouger.

M. TOCAMBEL.

Je reviens dans un instant, Giselle. Attendez-moi. »

Giselle attendit, en effet. Cinq minutes, dix minutes se passèrent ; M. Tocambel ne revenait pas. Au moment où elle s'applaudissait de n'avoir pas cédé, on frappa à la porte. Giselle poussa un cri ; un prétendu sergent de ville à grosses moustaches, à figure terrible, mais sans uniforme, entra ; M. Tocambel le suivait, dissimulant avec peine un sourire.

LE FAUX SERGENT.

Est-ce là votre voleuse, Monsieur ?

M. TOCAMBEL.

Oui, sergent, c'est elle ; mais avant de l'arrêter, essayez de me faire ravoir les deux objets volés. Si elle les rend de bonne grâce, je renonce à ma plainte.

LE FAUX SERGENT.

Mademoiselle, persistez-vous à refuser ce que vous demande Monsieur?

— Je vais les rendre », répondit Giselle, pâle d'effroi; ses dents claquaient, ses jambes tremblaient. Elle se traîna à une armoire, l'ouvrit, retira de dessous un paquet de linge les brodequins de M. Tocambel, et les lui remit sans résistance.

Il les prit et sortit immédiatement, accompagné du prétendu sergent de ville.

M. TOCAMBEL.

Votre apparition a produit un effet merveilleux, commissionnaire. Voici les cinq francs que je vous ai promis. Merci bien de votre complaisance.

LE COMMISSIONNAIRE.

Il n'y a pas de quoi, Monsieur. Je suis tout à votre disposition pour d'autres occasions, s'il s'en présente.

M. TOCAMBEL.

Je pense bien que je n'userai pas souvent de votre obligeance; la petite vous a pris pour un vrai sergent de ville; elle a eu une peur effroyable : c'est ce que je voulais... »

Le commissionnaire sortit; M. Tocambel entra au salon, où il trouva Léontine préparant les cahiers de Giselle.

« Léontine, dit-il en entrant, j'ai été obligé de

Giselle poussa un cri. (Page 205.)

faire un coup d'État. Figurez-vous que Giselle a commencé par nier tout à l'heure avoir pris hier soir mon lot gagné. Ensuite, elle a refusé de me le rendre. Je ne voulais pourtant pas le laisser à Giselle après la mauvaise action dont elle s'est rendue coupable.

LÉONTINE, *inquiète*.

Qu'avez-vous fait, alors? Quel a été votre coup d'État?

M. TOCAMBEL, *riant*.

J'ai été chercher un sergent de ville....

LÉONTINE, *effrayée*.

Ah! mon Dieu!

M. TOCAMBEL.

Ne vous effrayez donc pas; soyez tranquille; je suis convenu avec mon faux sergent, qui n'était qu'un commissionnaire, que ce ne serait que pour faire peur à un enfant méchant, et que, si nous ne réussissions pas, il s'en irait tout simplement. Effectivement, quand je l'ai ramené avec moi, Giselle a eu si peur qu'elle m'a rendu de suite mes brodequins. »

Une grande tape dans le dos fit retourner vivement M. Tocambel; il vit Mme de Monclair qui le regardait avec irritation et colère, mais de ces colères riantes et amicales qui ne blessent ni n'effrayent.

MADAME DE MONCLAIR.

A-t-on jamais vu un nigaud pareil? Comment! à votre âge, avec votre grosse tête, couronnée d'un si magnifique gazon, vous n'avez trouvé rien de mieux à faire que d'effrayer cette enfant à la rendre malade; que d'attirer l'attention des commissionnaires de la rue sur la maison de Léontine; que de faire jaser les concierges et les voisins sur la descente *de la police* chez M. de Gerville? Je dis et je répète que c'est stupide, absurde, et que si j'étais Léontine, je vous ferais une scène à vous rendre fou.

M. TOCAMBEL.

Il n'y a pas besoin de Léontine pour cela, baronne. Vous y réussirez mieux qu'elle, bien certainement.

MADAME DE MONCLAIR.

Vous me le payerez, mon cher; je ne suis pas encore au bout.

M. TOCAMBEL.

Pour Dieu, laissez-moi partir. J'en suis fou d'avance.

MADAME DE MONCLAIR.

Non, vous ne partirez pas; vous déjeunerez ici avec nous, et nous vous agonirons de sottises à chaque bouchée que vous avalerez; et vous resterez tout le temps que je voudrai; et je vous emmènerai pour faire des courses, et vous resterez chez moi jusqu'à ce que vous ayez crié grâce.

M. TOCAMBEL.

Grâce, grâce, cruelle amie et implacable ennemie! s'écria M. Tocambel en ployant un genou devant elle et en lui baisant la main; je demande grâce par avance. »

Un petit soufflet, une chiquenaude sur le nez et une saccade donnée à la perruque pour lui faire faire demi-tour du front à la nuque, furent la réponse et le pardon de Mme de Monclair.

« Et toi, ma pauvre Léontine, continua la tante, ne t'effraye pas des suites de l'absurde invention de notre absurde ami. (*M. Tocambel voulut parler.*) Taisez-vous; je dis absurde, je maintiens absurde. J'ai passé chez Giselle avant d'entrer chez toi, car j'avais su par ta concierge que le père Toc avait fait sa visite domiciliaire avec un commissionnaire qui passait pour un sergent de ville, *pour Mlle Giselle.* J'ai tout de suite deviné le pourquoi de la sottise qu'il avait faite, et j'ai voulu voir si Giselle n'avait pas été trop effrayée de cette étrange visite. Je l'ai trouvée en pleurs.

LÉONTINE.

En pleurs! ma Giselle! ma pauvre chère enfant! »

Et Léontine s'élança pour courir chez sa fille. Mme de Monclair l'arrêta.

MADAME DE MONCLAIR.

Écoute-moi, ma fille. Tu verras que l'effet de terreur inventé par notre intelligent ami n'a pas fait le mal qu'il espérait.

M. TOCAMBEL.

Mais c'est intolérable, ce que vous dites là, baronne! Je n'y tiens pas; je m'en vais.

MADAME DE MONCLAIR.

Vous écouterez, et vous resterez; et laissez-moi parler; et vous ne parlerez que lorsque je vous le permettrai. »

Mme de Monclair le fit asseoir de force et le surveilla de près.

« Je te disais, Léontine, que Giselle pleurait; mais c'était l'effet de la colère, pas du tout de la frayeur ni de l'émotion. Elle regrettait ses brodequins.

M. TOCAMBEL.

Comment, *ses*? *Mes* brodequins, vous voulez dire.

MADAME DE MONCLAIR.

Laissez-moi donc parler. Quel bavard vous faites! »

Le pauvre Tocambel joignit les mains, leva les yeux au ciel d'un air tragi-comique et ne bougea plus.

« Elle voulait donc ravoir *ses* brodequins, quand elle me vit entrer; je la mis de suite à l'aise; elle me raconta la méchanceté de son bon ami qu'elle aime tant, son invention de sergent de ville; Giselle est persuadée qu'il l'aurait emmenée en prison si elle n'avait pas rendu les brodequins. Elle était très bien remise de sa frayeur; seulement, elle pleurait *ses* brodequins, et je te préviens qu'elle veut demander à son père d'aller lui en acheter d'exactement pareils.

LÉONTINE.

Merci, ma tante; j'espère bien que Victor en trouvera : il demandera à Pierre l'adresse du magasin où il les a achetés.

MADAME DE MONCLAIR.

Ha, ha, ha! voilà une bonne idée! Comment, Léontine! au lieu de punir Giselle de sa conduite d'hier, de celle d'aujourd'hui, tu vas encourager Victor à céder à ce ridicule caprice et à récompenser le vol, le mensonge?

LÉONTINE, *embarrassée*.

Mais, ma tante, ce n'est pas récompenser le mal; c'est seulement pour rendre à cette pauvre petite les lots que les méchants enfants lui ont enlevés et mis en pièces hier soir.

MADAME DE MONCLAIR.

Léontine, tu sais comment les choses se sont

passées ; Giselle ne mérite rien qu'une bonne punition, et je ne comprends pas que tu ne le sentes pas de toi-même, sans que je te le dise. Au reste, je t'ai prévenue, je t'ai dit mon avis ; fais comme tu voudras, et ne parlons plus du passé. Je délivre mon prisonnier. Allez, mon bon homme, et surtout ne vous échappez pas. J'aurai réellement besoin de vous.

M. TOCAMBEL.

Ce dernier mot suffit pour me clouer à vos côtés, mon aimable ennemie. Je suis à vous jusqu'à la mort ! »

Le déjeuner était prêt. Victor entra avec Giselle, dont la mine rayonnante et un peu impertinente alarma Mme de Monclair et M. Tocambel.

« Je parie qu'il vient de faire une sottise, dit Mme de Monclair à l'oreille du père Toc.

M. TOCAMBEL.

C'est bien mon avis ; l'air de Giselle annonce le triomphe.

MADAME DE MONCLAIR.

Il lui aura promis des brodequins.

M. TOCAMBEL.

Ou bien il les aura déjà donnés. »

On se mit à table ; Giselle avait un air goguenard que Léontine cherchait vainement à réprimer. La conversation était animée, grâce à l'iné-

LES BRODEQUINS SONT RETROUVÉS 215

puisable gaieté de Mme de Monclair et à la repartie vive et spirituelle de M. Tocambel.

A la fin du déjeuner on apporta un paquet, qu'on remit à Giselle; elle l'ouvrit avec empressement, poussa un cri de joie et éleva en l'air une paire de brodequins semblables à ceux qu'elle avait tant désirés.

Léontine se pencha vers sa tante et lui dit quelques mots tout bas.

« Montre-moi tes belles chaussures, Giselle », dit la tante en riant.

Giselle les lui donna.

MADAME DE MONCLAIR.

Qui est-ce qui t'a acheté cela?

GISELLE.

C'est mon cher papa, pour me consoler des méchancetés qu'on m'a faites.

MADAME DE MONCLAIR.

Charmant, charmant!... J'ai bien envie d'en avoir de pareils.

M. DE GERVILLE.

Je vous donnerai l'adresse du marchand, ma tante.

MADAME DE MONCLAIR.

C'est que j'ai bien envie de ceux-ci....

GISELLE, *inquiète*.

Ah! mais, c'est impossible, ma tante : ils sont à moi.

MADAME DE MONCLAIR.

Qu'est-ce que cela fait? Tu as bien pris hier ceux de M. Tocambel.... Décidément je les garde; ils sont trop jolis. »

Et Mme de Monclair les mit dans sa poche.

Giselle, surprise, consternée, ne savait quel parti prendre. Elle se tourna vers son père et dit d'une voix larmoyante : *Papa!*

M. de Gerville, reprenant courage à cet appel, s'adressa à sa tante :

« C'est une plaisanterie, n'est-ce pas, ma tante? La pauvre Giselle en est tout effrayée et interdite. Ayez la bonté, ma chère tante, de lui rendre *ses* brodequins.

MADAME DE MONCLAIR.

Mais, mon ami, je fais ce que Giselle a fait hier, avec la différence que ce qu'elle a fait en cachette, je le fais ouvertement, devant vous. Si elle n'a pas mal fait, pourquoi ne ferais-je pas comme elle? Et si elle a mal fait, pourquoi serait-elle récompensée, et pourquoi ne le serais-je pas comme l'a été Giselle? Ou bien, pourquoi n'empêcherais-je pas Giselle de recevoir la récompense de sa mauvaise action? Ces brodequins vous ont coûté trente francs, je le sais. Voici vos trente francs, dont je ne veux pas vous dépouiller; et je garde les brodequins pour moi.

M. DE GERVILLE, *contenant son humeur*.

Il me sera facile d'en acheter d'autres. Ne pleure pas, ma Giselle chérie; tu les auras.

MADAME DE MONCLAIR.

Giselle, si tu veux réparer le mal que tu as fait hier et ce matin, tu as un moyen très simple et qui nous fera oublier à tous ton action honteuse. Refuse ce que t'offre la trop grande bonté de ton papa; ce sera un acte courageux et généreux! Tu te relèveras à tes propres yeux, ma pauvre enfant, et quand, plus tard, tu raconteras cette anecdote, tu pourras dire : J'ai fait un beau trait dans mon enfance. »

Giselle, étonnée, restait indécise, regardait alternativement sa tante, son père et sa mère. Ces deux derniers baissaient les yeux.

MADAME DE MONCLAIR.

Voyons, ma Giselle; courage, mon enfant; je n'y vais pas par quatre chemins : je dis franchement que tu es très coupable, qu'au lieu d'une récompense il te faut une punition; que, personne n'osant te l'infliger, de peur de te chagriner, tu dois le faire toi-même courageusement, généreusement. Allons, chère enfant, un effort! ce sera bientôt fait. »

Giselle hésita, pâlit visiblement, rassembla son courage et dit à son père :

« Papa, ma tante a raison : j'ai très mal fait, j'en suis honteuse. Ne m'achetez rien. Mon bon ami, ajouta-t-elle en se tournant vers M. Tocambel, j'ai été bien méchante avec vous; si vous voulez bien me pardonner cette fois, vous serez bien bon.

M. TOCAMBEL, *embrassant Giselle.*

De tout mon cœur, ma chère, très chère enfant.

MADAME DE MONCLAIR.

Bien, ma Giselle; c'est bien, c'est beau! je suis très contente de toi; et, pour t'empêcher d'oublier ce jour, qui est un beau jour pour toi, garde le petit présent que je t'offre de grand cœur. Tu l'as gagné, et tu l'auras. »

Mme de Monclair remit à Giselle les brodequins qu'elle avait confisqués. Giselle, enchantée, remercia et embrassa sa tante à rendre jaloux Léontine et Victor, dont les gâteries coupables et maladroites arrêtaient les bonnes dispositions naturelles de leur fille.

MADAME DE MONCLAIR.

Et à présent, mes enfants, que ma besogne est faite, que ma petite Giselle s'est réhabilitée, que j'ai du bien à en dire, je vous quitte avec mon fidèle ami et ses brodequins. Soyez sages tous les trois. Vous, père trop indulgent, toi, mère trop complaisante, imitez votre fille, qui a eu le courage d'écouter la voix de sa conscience et de s'infliger une punition qu'elle croyait méritée ; et toi, ma courageuse Giselle, continue à te traiter avec sévérité et justice, pour devenir parfaite. »

Mme de Monclair embrassa Giselle et sortit avec M. Tocambel, qu'elle se mit à persécuter aussitôt qu'ils eurent quitté l'appartement.

« J'aime beaucoup ma tante, dit Giselle au bout d'un instant.

M. DE GERVILLE.

Et moi, cher amour, m'aimes-tu?

— Certainement, papa, répondit Giselle avec froideur.

M. DE GERVILLE.

Autant que ta tante, j'espère bien?

— Oui, papa », dit Giselle avec hésitation.

Le père s'aperçut que Giselle avait hésité.

« Giselle, reprit-il avec inquiétude, est-ce que... tu m'aimerais moins que ta tante, par hasard?

GISELLE, *embarrassée.*

Je ne sais pas, papa. Je respecte beaucoup ma tante, et j'ai confiance en elle.

M. DE GERVILLE.

Et moi, est-ce que je ne t'inspire pas la même confiance?

GISELLE, *résolument*.

Non, papa, vous me gâtez trop.

M. DE GERVILLE.

Je te gâte! je te gâte trop! Mais ne vois-tu pas que, lorsque je cède à tes demandes, c'est par tendresse pour toi, pour te faire plaisir?

GISELLE.

Je le sais bien; mais je sais bien aussi que j'ai tort; et que vous ne me le dites pas; et que, vous aussi, vous avez tort de me laisser faire; et que vous me faites du mal au lieu de me faire du bien; et c'est pourquoi je n'ai pas confiance en vous comme en ma tante.

M. DE GERVILLE.

Alors, tu n'as pas confiance non plus en ta maman?

GISELLE.

Un peu, parce que quelquefois elle m'a empêché de mal faire; mais pas toujours, pas souvent.

M. DE GERVILLE.

Oh! Giselle, comme tu es ingrate pour nous, et surtout pour moi!

GISELLE.

Non, papa, je ne suis pas ingrate! Je vous aime beaucoup; mais.... Je ne sais comment expliquer ce que j'éprouve.... Je vous aime, mais il me semble que je n'ai pas pour vous le respect que j'ai pour ma tante. »

M. de Gerville ne répliqua rien; sa conscience lui faisait très bien comprendre ce que Giselle ne pouvait lui expliquer. Il avait perdu l'estime de sa fille; elle l'aimait comme on aime quelqu'un de dévoué, de complaisant, qui se rend utile, mais auquel on ne pense pas quand on n'en a pas besoin.

Léontine n'avait rien dit; son cœur lui faisait tout comprendre. Elle sentait ses torts, elle les déplorait, et la force lui manquait pour se réformer. Elle était un peu jalouse de l'influence de sa tante sur Giselle; et pourtant sa raison lui faisait comprendre que si elle avait eu la même franchise, la même fermeté, sa fille l'aurait aimée et respectée comme Mme de Monclair.

Giselle examinait son père et sa mère; quand elle vit des larmes dans les yeux de sa mère, elle alla près d'elle, l'embrassa.

« Maman, dit-elle, n'est-il pas temps que je prépare mes leçons pour Mlle Rondet? elle va venir dans une heure.

LÉONTINE.

Oui, ma Giselle; tu es bien gentille d'y avoir pensé. Au revoir, Victor. Venez nous prendre à deux heures, pour nous mener à l'Exposition. »

Victor ne répondit pas; il était resté les coudes appuyés sur la table, la tête soutenue dans ses mains. Léontine fit signe à Giselle de sortir et s'approcha de son mari.

« Victor, mon ami, tu souffres comme moi des paroles de Giselle?

M. DE GERVILLE.

Oh! Léontine, que ces paroles ont été dures et terribles! Après tout ce que nous avons fait pour elle!

LÉONTINE.

Nous en avons trop fait, mon ami. Elle nous l'a dit elle-même; tu l'as entendu. Elle ne nous respecte pas, parce que nous manquons à notre devoir en ne la dirigeant pas. Mais il est temps encore de retrouver son respect et son affection. Soyons plus fermes, plus sages.

M. DE GERVILLE, *impatienté*.

Ce qui veut dire, Léontine, que tu veux la rendre malheureuse en la contrariant sans cesse. Je ne peux pas la gronder, lui tout refuser. Cela m'est odieux et impossible. »

Léontine expliqua à son mari ce qu'elle attendait de lui; elle lui prouva que Giselle n'en serait que plus heureuse. Elle finit par en obtenir la promesse de ne rien accorder de ce qu'elle aurait défendu ou refusé, de ne pas approuver ce qu'elle aurait blâmé. Léontine quitta son mari, après l'avoir rassuré sur l'affection de sa fille.

XVI

NOUVELLES MÉCHANCETÉS DU CHER ANGE
LA MÈRE FAIBLIT ENCORE

Les jours suivants se passèrent assez bien; sauf quelques petites gâteries mystérieuses du père, sauf quelques faiblesses presque imperceptibles de la mère, tout alla régulièrement; Giselle ne se laissa pas aller à de grandes colères, à des impertinences trop marquées, à des résistances trop soutenues. Léontine redevenait triomphante; elle recevait les compliments de ta tante, de son frère, de ses sœurs. Giselle perdait de sa physionomie arrogante, moqueuse, révoltée; on commençait enfin à croire à une réforme complète. Le père redisait sans cesse : « Quel amour d'enfant! » La mère l'appelait plus que jamais son cher ange, son cher amour. Et Giselle n'en abusait pas!

Mlle Rondet n'avait non plus porté aucune plainte contre Giselle. Un jour, jour fatal, Mlle Rondet entra chez Léontine d'un pas précipité, l'air mécontent, le regard irrité, les lèvres serrées.

Léontine trembla : « Hélas! pensa-t-elle, il y a quelque chose de grave. »

« Que désirez-vous, chère Mademoiselle? lui demanda Léontine de son air le plus gracieux, de son sourire le plus bienveillant, afin de l'adoucir par avance.

MADEMOISELLE RONDET.

Je prie Madame de lire ce papier que j'ai trouvé en rangeant les cahiers de Mlle Giselle. »

Léontine prit le papier et lut :

PORTRAIT DE MADEMOISELLE RONDET.

« Mlle Rondet est une bête.

« Mlle Rondet est un hérisson.

« Mlle Rondet est une vipère.

« Mlle Rondet est un crapaud.

« Mlle Rondet est un bouledogue.

« Mlle Rondet est un diable. Elle est laide comme un diable, méchante comme un diable;

je la déteste comme un diable; elle m'ennuie, elle m'embête, elle m'assomme. »

Léontine était atterrée. Comment expliquer cette nomenclature injurieuse ? Comment excuser Giselle et calmer Mlle Rondet ?

« Ma chère demoiselle, balbutia enfin Léontine, Giselle est si jeune! C'est une espièglerie, un enfantillage; pardonnez-le-lui, je vous en prie.

MADEMOISELLE RONDET.

Je ne demande pas mieux que de le lui pardonner, Madame, mais il faut au moins qu'elle m'en témoigne ses regrets, et qu'elle redouble de docilité et d'application pour me faire oublier cette impertinence.

LÉONTINE.

Mon Dieu, chère Mademoiselle, il ne faut pas croire que ce soit de l'impertinence; Giselle ne pensait pas que vous puissiez jamais voir ce papier; c'est un enfantillage; ne croyez pas qu'il y ait eu d'intention méchante, je vous en prie. Elle est devenue si bonne!

MADEMOISELLE RONDET.

Elle est certainement améliorée, Madame; mais il y a du relâchement depuis deux ou trois jours; elle n'obéit pas; ses devoirs sont mal faits; je suis obligée de gronder, et c'est probablement ce qui m'a valu cette jolie page de son écriture.

LÉONTINE.

Je vais lui parler, chère Mademoiselle; et je vous l'enverrai repentante et docile. »

Mlle Rondet se retira à moitié satisfaite; Léontine sonna.

« Dites à Mlle Giselle qu'elle vienne me parler de suite », dit Léontine.

Deux minutes après, Giselle entra.

GISELLE.

Vous me demandez, maman? Je suis accourue bien vite, comme vous voyez.

LÉONTINE.

Tu es bien gentille, cher amour. Dis-moi, mon ange, pourquoi as-tu écrit tout ceci sur cette feuille que Mlle Rondet vient de m'apporter? »

Léontine lui fit voir le papier.

GISELLE, *s'en emparant.*

Ah mon Dieu! elle l'a trouvé? Pourquoi aussi va-t-elle fouiller dans mes tiroirs? Je ne veux pas qu'elle les ouvre et je vais le lui défendre.

LÉONTINE.

Giselle! ma Giselle chérie! Comment parles-tu? *Lui défendre!* Est-ce que tu as le droit de lui défendre quelque chose?

GISELLE.

Je ne veux pas qu'elle touche à mes affaires.

LÉONTINE.

Mais, chère enfant, il faut bien qu'elle regarde à tes cahiers, qu'elle les corrige en t'attendant, qu'elle voie s'ils sont bien rangés.

GISELLE.

Est-elle bien furieuse?

LÉONTINE.

Furieuse, non, mais très mécontente; elle compte que tu lui feras tes excuses.

GISELLE.

Ah! par exemple! Des excuses! Elle les attendra longtemps, mes excuses. Je dois porter ce papier aux Champs-Élysées; toutes mes amies doivent apporter aussi les portraits de leurs maîtresses; nous lirons tout ça; ce sera très amusant.

LÉONTINE.

Oh! Giselle! ne fais pas cela, mon enfant! Ce serait très mal. Si les maîtresses viennent à le savoir, elles seront furieuses pour le coup et elles ne voudront plus vous donner de leçons.

GISELLE.

Ah! il n'y a pas de danger; elles meurent de faim!

LÉONTINE.

Vois comme tout cela est mauvais. Vous manquez toutes de respect et de reconnaissance envers vos maîtresses, parce que vous croyez qu'elles ont besoin de vos leçons pour vivre. D'abord cela n'est pas; elles ont beaucoup d'autres élèves; et quand cela serait, n'es-tu pas honteuse de profiter de la pauvreté d'une personne bien élevée, instruite, complaisante, pour l'humilier, la peiner, parce que tu la crois sans défense?

GISELLE.

Je ne dis pas, mais je ne veux pas lui faire d'excuses.

LÉONTINE.

Mais, Giselle, comment veux-tu qu'elle continue à te donner des leçons, après avoir trouvé et lu ce papier?

GISELLE.

Qu'elle fasse semblant de l'avoir oublié.

LÉONTINE.

C'est impossible, mon enfant! Impossible! Voyons, Giselle! va lui dire en l'embrassant que tu es bien fâchée de lui avoir fait de la peine; que c'était pour rire, pour t'amuser que tu as écrit ces bêtises.

GISELLE.

Je ne veux pas l'embrasser; elle sent trop mauvais.

LÉONTINE, *souriant*.

Eh bien, ne l'embrasse pas. Dis-lui quelque chose d'aimable, qui ressemble à des excuses. »

Giselle ne répondit pas; elle quitta sa mère d'un air boudeur et entra dans la chambre d'étude. Léontine écoutait et n'entendait rien. Quelques instants après, Mlle Rondet rentra.

« Madame, je viens vous annoncer qu'à mon grand regret il m'est impossible de continuer les leçons de Mlle Giselle....

LÉONTINE.

Comment? Pourquoi? Giselle ne vous a-t-elle pas fait des excuses qui devaient lui faire pardonner son enfantillage?

MADEMOISELLE RONDET.

Les excuses de Mlle Giselle aggravent sa faute, Madame. Elle m'a dit : « Mademoiselle, je suis « bien fâchée que vous ayez trouvé et lu le papier « que vous avez montré à maman. Vous n'auriez « pas dû fouiller dans mes tiroirs; je ne veux pas « que vous touchiez à mes affaires. Ce n'est pas « pour vous que j'avais écrit ce papier; c'est pour « mes petites amies des Champs-Élysées. »

« Vous pensez bien, Madame, que je ne puis accepter la position que j'aurais à l'avenir près de Mlle Giselle. Je vous prie donc, Madame, de vouloir bien régler nos comptes, car je ne pense plus revenir chez vous.

— J'en suis désolée, chère demoiselle », répondit tristement Léontine.

Elle alla prendre de l'argent dans son bureau.

« C'est dix leçons que je vous dois, Mademoiselle ; voici soixante francs. Croyez à tous mes regrets de perdre vos excellentes leçons pour ma fille. »

Mlle Rondet salua et sortit.

Léontine entra dans la chambre d'étude. Il n'y avait personne. Elle dit au domestique d'aller chercher Mlle Giselle.

« Mademoiselle Giselle, votre maman vous demande, dit le domestique en entrant chez Giselle.

GISELLE.

Dites à maman que je suis sortie ; je pars à l'instant avec ma bonne.

LE DOMESTIQUE.

Mais, Mademoiselle, puisque vous n'êtes pas encore sortie, il faut toujours que vous alliez parler à Madame qui vous demande.

GISELLE.

Du tout, du tout, je sais pourquoi maman me demande, c'est à cause de cette sotte Mlle Rondet ; ce n'est pas pressé du tout. Allez, Henri, allez ; et dites bien ce que je vous dis, sans quoi.... »

Giselle n'acheva pas ; un doigt menaçant compléta sa pensée.

« Sans quoi je vous ferai chasser, se dit en lui-même Henri. C'est toujours le même gentil caractère. »

NOUVELLES MÉCHANCETÉS

Henri exécuta les ordres de Giselle et annonça que Mademoiselle était sortie.

« Sortie! C'est singulier! dit Léontine. Pourquoi s'est-elle tant pressée? »

Léontine alla chez son mari. Il était occupé à faire des comptes.

LÉONTINE.

Victor, nous voici encore dans un grand embarras grâce à Giselle. Mlle Rondet est partie.

M. DE GERVILLE.

Qu'est-ce que cela fait?

LÉONTINE.

Comment, ce que cela fait? Giselle n'aura plus de leçons.

M. DE GERVILLE.

Je ne vois pas grand mal à cela; elle est raisonnable, elle peut travailler avec vous.

LÉONTINE.

Impossible! elle ne m'écoute pas.

M. DE GERVILLE.

Alors rendez-lui Mlle Rondet.

LÉONTINE.

Mais puisque Mlle Rondet ne veut plus venir; Giselle a écrit cinquante sottises contre elle, et de plus elle ne veut pas lui faire des excuses.

M. DE GERVILLE.

Que voulez-vous que j'y fasse? Prenez une autre maîtresse.

LÉONTINE.

Victor, que tu es désagréable! Au lieu de me donner un conseil, tu prends la chose avec une indifférence incroyable.

M. DE GERVILLE, *l'embrassant.*

Voyons, Léontine, ne me gronde pas et raconte-moi ce qui est arrivé. »

Léontine lui raconta en détail ce qui venait de se passer.

« Que faire maintenant? Je ne veux pas laisser Giselle injurier ses maîtresses sans la punir.

M. DE GERVILLE.

Punir! punir! tu n'as que ce mot à la bouche. La faire pleurer! la tourmenter! pour quelques drôleries écrites dans un moment d'humeur contre une sotte femme qui ne sait pas la prendre et qui ne lui passe rien. Laisse tout cela. La Rondet est partie; cherches-en une autre et dis à Giselle de ne pas recommencer. Voilà tout.

LÉONTINE.

Mais, Victor, si je ne la punis pas de son impertinence, Giselle recommencera avec une autre. Et puis elle en fera autant vis-à-vis de nous.

M. DE GERVILLE.

Mais non, mais non! sois donc tranquille! Une maîtresse, ce n'est pas comme un père et une mère.

LÉONTINE.

Ah! Victor, tu as bien vite oublié ce que t'a dit Giselle il n'y a pas quinze jours!

M. DE GERVILLE.

Je n'ai rien oublié; mais je ne veux pas que ma fille soit malheureuse chez moi. Et je te prie sérieusement, Léontine, de ne pas prendre au tragique une espièglerie dont tous les enfants se rendent coupables.

— Que faire, mon Dieu, que faire? s'écria tristement Léontine. Je vais aller voir Pierre et ma tante de Monclair. Ils me diront si je dois fermer les yeux ou punir. »

Et sans attendre la réponse de Victor, Léontine alla mettre son chapeau et son mantelet.

Elle ne tarda pas à arriver chez son frère, qu'elle mit au courant des nouveaux méfaits de Giselle. Pierre réfléchit quelque temps, ne sachant quel conseil donner devant la faiblesse persévérante de Victor et la volonté si chancelante de Léontine.

PIERRE.

Il y aurait bien un moyen à employer; mais c'est un grand parti à prendre; ni Victor ni toi-même vous n'en aurez le courage.

LÉONTINE.

Quoi donc? Quoi donc, Pierre? Que veux-tu dire? De quel parti parles-tu?

PIERRE.

De mettre Giselle au couvent jusqu'après sa première communion; elle a près de onze ans, elle aurait deux années de couvent qui lui feraient grand bien; elle en sortirait corrigée de sa désobéissance, de sa violence et de son impertinence.

LÉONTINE.

Jamais, jamais, Pierre! Non, jamais je ne me séparerai de ma fille.

PIERRE.

Dans ce cas, il faut que tu te résignes ou bien à être plus que ferme, en raison des habitudes prises dès l'enfance de Giselle et qui sont difficiles à réformer; ou bien à laisser Giselle faire toutes ses volontés et devenir de plus en plus mauvaise, impertinente et insupportable. Choisis entre les deux; il n'y a pas d'autre résultat possible.

LÉONTINE.

Pierre, tu es trop décourageant; je vais aller voir ma tante de Monclair; elle me donnera un conseil moins dur que le tien.

PIERRE.

Essaye, ma bonne Léontine. Tant mieux si elle peut te venir en aide avec des moyens plus doux. Mais le mal est ancien; il date presque de la naissance de Giselle; la réforme n'est pas facile.

« Papa, papa, s'écria Georges qui entra en courant, Giselle est arrivée; elle est pleine de boue et d'égratignures. Tous les enfants l'ont battue; elle criait; ma bonne l'a emmenée, elle est dans la chambre. »

Léontine poussa un cri et se précipita dans le corridor qui menait chez les enfants; Pierre la suivit; Georges courut après; cet événement si extraordinaire l'intéressait beaucoup.

Quand Léontine entra chez les enfants, on venait d'enlever à Giselle sa robe pleine de boue; la bonne voulait lui laver le visage, mais Giselle criait, se débattait. Pierre la saisit, et malgré sa résistance il lui lava la figure à grande eau. Il vit alors qu'il n'y avait aucune blessure sérieuse, mais que les égratignures étaient en nombre considérable.

Léontine, plus morte que vive, voulut l'embrasser, la serrer dans ses bras, mais Giselle la repoussait et ne voulait même pas répondre à ses nombreuses questions.

La bonne de Georges et d'Isabelle parvint enfin à se faire entendre.

LA BONNE.

Quand Mlle Giselle est arrivée aux Champs-Élysées, Monsieur, il y avait beaucoup d'enfants qui jouaient; les miens en étaient. Mlle Giselle avait apporté un papier, qu'elle a lu aux plus grands; les uns riaient, les autres lui faisaient des reproches. Ensuite Mlle Giselle a proposé, à ce qu'il paraît, de faire les portraits des papas et des mamans; les autres n'ont pas voulu. Mlle Giselle s'est mise à faire le portrait de son papa, mais je n'oserais pas le répéter, car c'est trop vilain; elle a ensuite voulu faire celui des papas de ces enfants. Ils se sont fâchés, elle a continué malgré leur défense et leurs menaces. Ils se sont alors tous jetés sur elle pour la faire taire de force; elle s'est roulée dans un endroit qu'on venait d'arroser et qui était plein de boue; en se roulant elle continuait à crier des sottises sur les parents des enfants; la colère les a pris; ils ont voulu lui fermer la bouche avec leurs mains, et comme elle se débattait, elle a attrapé pas mal de coups d'ongles, comme Monsieur peut le voir sur sa figure.

PIERRE.

Mais où était donc sa bonne quand tout cela a commencé.

LA BONNE.

Elle était allée faire une commission; elle m'avait priée de garder Mlle Giselle avec les miens. C'est qu'elle n'est pas trop facile à garder. Elle s'échappe malgré vous. Et je ne pouvais pas lais-

« Ils se sont tous jetés sur elle. »

ser mes pauvres petits dans la foule, pour courir après elle; de sorte que j'étais bien embarrassée quand je l'ai vue roulée et secouée par ces enfants, filles et garçons, qui étaient hors d'eux de colère, d'entendre insulter leurs parents, et puis indignés qu'ils étaient déjà des injures dites à M. de Gerville et à la maîtresse Mlle Rondet, que plusieurs de ces enfants connaissent et aiment bien. J'ai confié mes enfants à un sergent de ville, un brave homme que mes enfants aiment beaucoup et qui les connaît depuis longtemps, et j'ai couru délivrer Mlle Giselle. Le sergent m'a aidée à les ramener ici, et je l'ai prié de prévenir la bonne que Mlle Giselle était chez nous.

LÉONTINE.

Comment cette vilaine Émilie a-t-elle abandonné ma pauvre Giselle à ces méchants enfants?

LA BONNE.

Il paraît que c'est Mademoiselle qui lui avait donné l'ordre d'aller lui acheter quelque chose qu'elle voulait avoir. Du reste, ces enfants ne sont pas méchants, Madame : ils jouent entre eux et avec les miens, très gentiment mais c'est que la colère les a pris quand ils ont entendu Mlle Giselle parler de leurs parents comme elle l'a fait.

LÉONTINE.

Souffres-tu beaucoup, mon pauvre ange?

— Horriblement, répondit Giselle qui ne souffrait que très légèrement.

PIERRE, *avec indignation*.

Tant mieux, méchante enfant. Je voudrais te voir souffrir bien réellement, et au lieu de ces égratignures qui ne sont rien, te voir défigurée, pour mettre ton visage en rapport avec ta vilaine âme et ton méchant cœur!

LÉONTINE.

Oh! Pierre, que tu es cruel!

PIERRE, *vivement*.

Cruel! pour une petite malheureuse qui a la méchanceté d'injurier son père cent fois trop bon pour elle, et de blesser les bons sentiments de ces pauvres enfants que j'aime et que j'estime pour avoir maltraité et battu ta méchante Giselle.

— Habillez Giselle, que je l'emmène! dit Léontine hors d'elle. Nous ne pouvons pas rester ici.

PIERRE.

Tu as raison. Va continuer ton œuvre chez toi, aidée de ton mari. Venez, mes chers petits, venez voir votre maman et vos bonnes tantes. »

Pierre sortit avec ses enfants sans même jeter un regard sur Léontine et sur Giselle. Aussitôt que Giselle fut habillée, Léontine l'emmena. Quand elle rentra à la maison, son mari était sorti. La bonne n'était pas rentrée; Léontine fut obligée de garder Giselle.

Elle aurait voulu pourtant se recueillir et penser froidement et sensément à la conduite de Giselle; mais la présence de sa fille la troublait, et elle remit à plus tard la tâche de débrouiller les torts de chacun.

XVII

GISELLE VEUT ENTRER AU COUVENT

Giselle ne se sentait pas à l'aise; sa mère ne lui avait encore rien dit, ni de son impertinence envers Mlle Rondet, ni de sa sortie précipitée avec sa bonne, ni des scènes qui s'étaient passées aux Champs-Élysées. Il était impossible qu'elle ne lui parlât pas; elle craignait les interrogations et les reproches de sa mère, dont la physionomie indiquait la tristesse et le mécontentement.

Giselle était donc assise à l'autre bout de la chambre, loin de Léontine; elle faisait semblant de lire, mais elle ne lisait pas.

Léontine, de son côté, paraissait fort occupée à parcourir un livre, mais elle pensait à Giselle,

elle cherchait à se persuader que son cœur était bon, que son affection pour ses parents était vive et sincère, que les *petits* défauts de son caractère s'effaceraient par le raisonnement et les années. Elle se sentait très irritée contre Pierre, qu'elle trouvait cruel et absurde. Son conseil de mettre Giselle au couvent la révoltait.

Absorbée par ses pensées, elle ne vit pas et n'entendit pas sa tante Monclair entrer dans sa chambre. Voyant Léontine si absorbée, Mme de Monclair fit signe du doigt à Giselle de la suivre et de sortir sans bruit. Giselle se leva doucement et suivit sa tante dans le salon.

MADAME DE MONCLAIR.

Giselle, mets-toi là, et réponds-moi sincèrement. Je commence par te dire que je sais tout : j'ai vu Mlle Rondet chez la petite de Mouny qui était avec toi aux Champs-Élysées ; j'ai vu Lucie de Ternac, elle y était aussi. J'ai vu ton oncle Pierre et la bonne de tes cousins ; je suis donc au courant de tout ce qui s'est passé. Tu as très mal agi en tout et partout : avec Mlle Rondet, tu as agi méchamment, sottement, lâchement ; avec tes amies des Champs-Élysées, tu as été, à propos de leurs parents, grossière, méchante, mal élevée ; vis-à-vis de ton pauvre père, tu as été ingrate, révoltante, abominable. Voilà pour

GISELLE VEUT ENTRER AU COUVENT 247

le passé. Je veux savoir maintenant ce que tu sens, ce que tu penses, ce que tu crains, ce que tu espères. Pour commencer par le commencement, dis-moi pourquoi tu as écrit ces injures contre Mlle Rondet.

GISELLE.

Parce que je m'étais trop contenue pendant la dernière leçon; elle m'avait ennuyée en me faisant recommencer vingt fois une phrase que j'avais mal faite, disait-elle. Elle m'avait taquinée tout le temps; pour me venger, j'ai écrit ce papier qu'elle a trouvé dans mon tiroir.

MADAME DE MONCLAIR.

Pourquoi l'as-tu fait voir à tes amies?

GISELLE.

Parce que je leur en avais parlé la veille; elles ont trouvé l'idée drôle, et nous devions toutes lire ces portraits aux Champs-Élysées, ce matin.

MADAME DE MONCLAIR.

Et aucune de vous n'a songé à la méchanceté d'une pareille lecture?

GISELLE.

Non, ma tante; je ne trouve pas que ce soit méchant. Elles nous ennuient tant ces maîtresses, qu'il faut bien s'en venger un peu.

MADAME DE MONCLAIR.

Elles vous ennuient pour votre bien, en vous

instruisant; et vous les perdez de réputation en les calomniant. Pourquoi as-tu eu la même méchante pensée pour ton pauvre papa?
GISELLE.
Parce que..., je n'ose pas vous le dire, ma tante; vous me gronderez.
MADAME DE MONCLAIR.
Non, Giselle, non; jamais je ne te gronderai pour une explication franche et vraie. Parle sans crainte; tu es ici comme à confesse; rien de ce que tu me diras ne sera redit qu'avec ton consentement et ne te vaudra le moindre reproche.
GISELLE.
Hé bien, ma tante, c'est que je n'aime pas beaucoup papa; il me gâte tellement que je n'aime pas à être avec lui; je n'aime pas à me promener avec lui de peur de rencontrer mes amies, qui se moquent de ses gâteries. Je ne peux pas venir à bout de l'aimer; il m'aime trop, et je sens qu'il me fait du mal. »

Mme de Monclair ne répondit pas; elle resta quelques instants le visage caché dans ses mains; Giselle crut l'entendre dire à mi-voix : Quelle punition!

« Et ta mère, dit enfin Mme de Monclair, ta pauvre mère, l'aimes-tu, Giselle? »

Giselle rougit beaucoup et baissa la tête.

MADAME DE MONCLAIR.

Dis-moi franchement, Giselle, aimes-tu ta mère?

GISELLE.

Un peu, ma tante.

MADAME DE MONCLAIR.

Et pourquoi pas beaucoup? Elle est pourtant bien bonne pour toi.

GISELLE.

Certainement, ma tante, mais... vous allez me gronder, j'en suis sûre.

MADAME DE MONCLAIR.

Non, non, ma fille; n'aie pas peur. Je te jure que je ne te gronderai pas, quoi que tu dises!

GISELLE.

Hé bien! voilà, ma tante. Maman est très bonne, mais elle a peur de moi; elle m'appelle son ange, son cher ange, son amour, quand elle sait très bien que je ne suis ni un ange ni un amour, mais elle a peur que je n'éclate, que je ne me mette en colère; elle n'ose pas me gronder, me punir, me dire même que je fais mal ou que j'ai mal fait; ce n'est pas autant que papa, mais c'est un peu comme papa; et alors cela me déplaît; je n'aime pas cela, et je me moque d'eux dans mon cœur et dans ma tête. Et alors cela m'empêche de les aimer tout de bon.

MADAME DE MONCLAIR.

Mais, Giselle, comprends-tu combien ta conduite a été coupable aujourd'hui, et le chagrin qu'en éprouve ta mère et qu'en aura ton père?

GISELLE.

Oui, ma tante, je le sais bien; cela m'est désagréable, mais cela ne m'afflige pas; si je pouvais m'en aller pendant quelque temps, j'en serais bien aise, parce que cela m'ennuie de les voir tristes, surtout maman. Pour papa cela m'impatiente.

MADAME DE MONCLAIR.

Pauvre Giselle! comme ton cœur est endurci! Ma pauvre fille, veux-tu te corriger? le veux-tu sincèrement?

GISELLE.

Oui, ma tante; mais c'est si difficile! et c'est si agréable de faire toutes mes volontés, de n'être jamais contrariée!

MADAME DE MONCLAIR.

Tu n'es pas contrariée, mais personne ne t'aime, ma pauvre enfant; tes amis même te fuient; ceux que tu as tant choqués aujourd'hui se sont concertés pour ne plus jouer avec toi; ils veulent aller se promener ailleurs qu'aux Champs-Élysées pour ne pas te rencontrer. Est-ce une vie agréable que tu mèneras?

GISELLE VEUT ENTRER AU COUVENT

GISELLE.

Ce sera fort ennuyeux pour moi, ma tante; mais que voulez-vous que j'y fasse? Ce n'est pas ma faute si papa et maman m'ont gâtée et m'ont rendue mauvaise.

MADAME DE MONCLAIR.

Giselle, Giselle, tais-toi, je t'en prie; ne te rends pas plus mauvaise encore en rejetant tes fautes sur tes pauvres parents.

« Mais une dernière question. Veux-tu aller au couvent pour deux ans, jusqu'à ta première communion?

GISELLE, *effrayée*.

Au couvent! Non, non, je ne veux pas aller au couvent; c'est trop triste, trop ennuyeux. J'aime encore mieux rester avec maman. Ne conseillez pas à maman de me mettre au couvent; je vous en supplie, ma tante.

MADAME DE MONCLAIR.

Je ne le lui conseillerai pas, Giselle, parce que je suis sûre que tu n'y resterais pas.

GISELLE.

Vous avez bien raison; je m'en échapperais aussitôt que je trouverais une porte ouverte.

MADAME DE MONCLAIR.

Ce n'est pas cela que j'entendais; je voulais dire qu'on te renverrait du couvent.

GISELLE.

Me renvoyer! Ah! par exemple! si les religieuses croient que je me laisserai renvoyer comme une pauvresse!

MADAME DE MONCLAIR.

Il faudrait bien t'en aller, si elles le voulaient.

GISELLE.

Pas du tout! Je m'arrangerai si bien qu'elles ne pourront pas me renvoyer.

MADAME DE MONCLAIR.

C'est ce que nous verrons si tu y entres. Tu ne seras pas la plus forte, je t'en préviens.

GISELLE.

Quand je veux quelque chose, ça se fait. Et si je veux entrer au couvent, on ne m'en fera pas sortir.

MADAME DE MONCLAIR.

Tu en sortiras, ma fille, c'est moi qui te le dis. »

Mme de Monclair quitta le salon : « Je la tiens! se dit-elle, pourvu que les parents me laissent faire! En la taquinant un peu sur sa sortie forcée du couvent, elle y entrera pour nous faire pièce, et elle prendra l'habitude d'obéir, de céder, de travailler; on lui parlera religion, charité, douceur et bonté; et dans deux ans nous aurons une Giselle corrigée. »

« Léontine », dit Mme de Monclair en entrant chez sa nièce.

Léontine tressaillit et se retourna ; elle n'avait pas bougé depuis que Giselle était partie.

MADAME DE MONCLAIR.

Léontine, il faut que tu obtiennes de ton mari de nous laisser faire pour ce qui touche à Giselle.

LÉONTINE.

Ce ne sera pas difficile, ma tante ; il est découragé et très disposé à ne plus s'en mêler.

MADAME DE MONCLAIR.

Très bien ; alors nous allons nous mettre à l'ouvrage. Veux-tu m'abandonner la direction de Giselle pendant deux ans ? »

Léontine pâlit. « Vous abandonner Giselle ! ma fille ! mon unique enfant ! Oh ! ma tante ! »

Léontine fondit en larmes.

Mme de Monclair calma ce chagrin par de douces paroles, mais fermes et sages. Elle lui raconta, mais sans tout dire, le résultat de sa conversation avec Giselle, la nécessité urgente de mettre Giselle au couvent, le moyen de l'y faire rester. Après un long débat, après beaucoup de larmes répandues, Léontine consentit enfin à seconder le plan de sa tante et l'autorisa à tout arranger avec Giselle.

MADAME DE MONCLAIR.

Il faut battre le fer pendant qu'il est chaud; je vais aller chercher Giselle, et tu vas voir que c'est elle qui t'obligera à la laisser entrer au couvent.

LÉONTINE.

C'est impossible, ma tante; nous allons avoir une scène dans le sens contraire.

MADAME DE MONCLAIR.

Tu vas voir. »

Mme de Monclair ouvrit la porte du salon. Giselle y était encore, pensive et l'air irrité.

« Giselle, ma pauvre fille, je crains que nous ne soyons obligées de céder; ta maman a beaucoup de chagrin de se séparer d'avec toi; elle craint que tu ne te fasses renvoyer du couvent avant un mois, et pour t'éviter cette humiliation elle préfère te garder et t'élever avec l'aide de papa; viens la voir, tu seras probablement obligée à rester ici; au reste tu ne seras pas malheureuse, tu travailleras avec maman et tu te promèneras avec papa.

GISELLE.

Je ne veux pas travailler avec maman ni me promener avec papa; je veux aller au couvent.

MADAME DE MONCLAIR.

Pour quoi faire, puisque tu te feras renvoyer.

GISELLE.

Je ne me ferai pas renvoyer; je vous l'ai déjà dit, ma tante.

MADAME DE MONCLAIR, *allant à Léontine.*

Voyons, Léontine, accorde-lui ce qu'elle te demande, puisqu'elle te promet de ne pas se faire chasser.

GISELLE.

Je vous en prie, maman, essayez; vous verrez que je serai si sage....

LÉONTINE.

Toi, sage! Allons donc! c'est impossible!

GISELLE.

Je veux entrer au couvent, et j'y entrerai.

LÉONTINE.

Et que dira ton papa?

GISELLE.

Papa ne dira rien du tout, quand il saura que je le veux.

LÉONTINE.

Écoute, si tu le veux absolument....

MADAME DE MONCLAIR.

Bon, elle consent. Viens vite, Giselle, viens avec moi; nous allons monter en voiture, nous irons visiter le couvent des Oiseaux et celui du Sacré-Cœur; et si l'un des deux te plaît, nous prendrons nos arrangements, nous irons faire des emplettes pour ton trousseau et tes petites fantaisies, et nous viendrons donner une réponse à maman. »

Giselle, enchantée, embrassa fortement sa tante ; elle sentit un mouvement de pitié pour sa mère, se jeta à son cou et l'embrassa plusieurs fois en répétant :

« Merci, merci, ma chère maman ; je vois à présent que vous m'aimez bien réellement ; je serai heureuse au couvent, je serai bonne, obéissante, et je ne me ferai pas renvoyer.

LÉONTINE.

Je crois, moi, qu'avant quinze jours tu seras ici, bien heureuse d'être chassée de ton couvent.

MADAME DE MONCLAIR.

Ne réponds pas, Giselle, ne réponds pas ; va vite mettre ton chapeau et reviens me chercher. »

Giselle disparut avec la légèreté d'un oiseau.

MADAME DE MONCLAIR, *riant*.

Eh bien, Léontine, qu'en dis-tu ?

LÉONTINE.

C'est incroyable ! C'est merveilleux ! Je n'en reviens pas. Mais, ma tante, que c'est dur, que c'est douloureux de la voir si heureuse de me quitter !

MADAME DE MONCLAIR.

Ne t'en plains pas, ne t'en plains pas, ma Léontine; elle va chercher au couvent le cœur qui lui manque pour le moment; elle comprend qu'elle est ignorante, qu'elle se fait détester par ses amies et sa famille; son amour-propre en souffre, et de plus elle s'ennuie : elle te reviendra changée du tout au tout; elle t'aimera de tout son cœur, et elle fera ta consolation au lieu d'être ton tourment. Et si elle te voit pleurer, dis-lui que c'est de chagrin et de la honte qu'elle se prépare en se faisant chasser.

GISELLE.

Me voici, ma tante; je suis prête. Partons vite. Adieu, maman; au revoir.

MADAME DE MONCLAIR.

Me voilà prête à te suivre. Au revoir, Léontine. Il est quatre heures : nous reviendrons vers sept heures; je dînerai chez toi. »

Mme de Monclair et Giselle disparurent; Léontine resta seule avec son chagrin et son remords. Elle résolut d'aller chez Pierre pour lui faire ses excuses de son irritation injuste du matin.

XVIII

SURPRISE ET INDIGNATION
DE M. DE GERVILLE

Mme de Monclair et Giselle visitèrent les Oiseaux et le Sacré-Cœur : Giselle préféra les Oiseaux; elles y retournèrent; on leur en fit voir encore tous les détails; la supérieure permit à Giselle de jouer avec les élèves, qui étaient en récréation pour la demi-heure du goûter.

Pendant que Giselle faisait connaissance avec ses futures compagnes, Mme de Monclair expliquait à la supérieure la position et le caractère de Giselle; la supérieure, femme d'une grande intelligence et d'une haute piété, comprit de suite que ce n'était pas seulement une élève de plus à accepter, mais une bonne œuvre à faire. Elle promit d'y veiller avec le plus grand soin, d'user avec Giselle d'une grande fermeté et en même temps d'une grande douceur; elle entra tout à fait dans la pensée de Mme de Monclair, de donner asile à Giselle le plus tôt possible afin de ne pas lui laisser le temps de changer d'idée. Il fut donc convenu qu'on l'amènerait à demander elle-même d'entrer au couvent dès le lendemain.

Quand la récréation fut terminée, Giselle s'était déjà liée intimement avec deux ou trois élèves de son âge; elle grillait de les retrouver le plus tôt possible.

« Viens demain, je t'en prie, lui dirent ses nouvelles amies; nous avons congé pour la fête de notre première maîtresse.

— Je viendrai, je viendrai, je vous le promets; nous allons bien nous amuser. Adieu, mes bonnes amies, je vous aime déjà beaucoup.

— Et nous donc! nous t'aimons beaucoup aussi. Nous serons bien heureuses ensemble! Tu verras.

— Adieu, adieu. »

Giselle rejoignit sa tante, et elles partirent pour faire des emplettes.

Giselle était folle de joie : elle baisait les mains de sa tante, elle la remerciait.

« Demain, dit-elle, je me lèverai de bonne heure.

MADAME DE MONCLAIR.

Pour quoi faire ma fille ?

GISELLE.

Pour entrer au couvent plus tôt.

MADAME DE MONCLAIR.

Comment, pour entrer au couvent ? Tu ne pourras pas entrer au couvent demain.

GISELLE.

Pourquoi cela, ma tante ?

MADAME DE MONCLAIR.

Pour donner à maman et à papa le temps de te voir, de s'habituer à la pensée de se séparer de toi.

GISELLE.

Oh ! quant à ça, le plus tôt sera le mieux. Ils pleureront, ils voudront me faire rester, peut-être. Je serais désolée. Je vous en prie, ma bonne tante, faites-moi entrer demain. Il y aura congé pour la première maîtresse ; ce sera amusant. Je veux absolument entrer demain matin.

MADAME DE MONCLAIR.

Arrange-toi avec tes parents pour cela ; moi je ne demande pas mieux ; je viendrai te chercher quand tu voudras.

GISELLE.

Merci, merci, bonne tante ; c'est vous que j'aime ; vous m'avez toujours fait du bien. »

Elles achetèrent au magasin du Louvre ce qu'il fallait à Giselle pour son trousseau; de là elles allèrent choisir des petits souvenirs que la tante engagea Giselle à donner à ses parents et à sa bonne. Elles revinrent à la maison les mains pleines; Giselle était radieuse; Mme de Monclair était gaie et satisfaite. Léontine était encore seule; son mari n'était pas rentré.

La joie de Giselle, son enthousiasme du couvent et de ses nouvelles amies, remplirent Léontine de tristesse. Mme de Monclair chercha en vain à la distraire; la pensée de perdre sa fille pour deux ans lui faisait saigner le cœur; elle contemplait Giselle avec amour et avec douleur. M. de Gerville rentra enfin : Giselle courut à lui.

« Papa, dit-elle en l'embrassant, m'aimez-vous?

M. DE GERVILLE.

Si je t'aime, mon amour, mon ange! Oui, je t'aime, et t'aimerai toujours.

GISELLE.

Alors, papa, voulez-vous m'accorder une chose qui me rendra bien heureuse?

M. DE GERVILLE.

Tout ce que tu voudras, cher ange. Parle, que demandes-tu?

Elles revinrent à la maison les mains pleines.

SURPRISE ET INDIGNATION

GISELLE.

Vous me le promettez, vous me le jurez?

M. DE GERVILLE, *riant et l'embrassant.*

Je le promets, je le jure. Je te permets de ne plus m'aimer si je ne tiens pas mon serment.

GISELLE.

Eh bien, mon cher papa, il faut que vous me permettiez d'entrer au couvent. »

La surprise et le saisissement firent tomber M. de Gerville dans un fauteuil.

M. DE GERVILLE.

Au couvent! Tu es folle, Giselle! Au couvent! Mais non; c'est une plaisanterie; c'est impossible! C'est pour rire que tu me demandes une pareille folie.

GISELLE.

Du tout, du tout, papa; c'est très sérieux! J'ai été au couvent; c'est charmant, les élèves sont charmantes, tout est charmant; et je veux y entrer demain.

M. DE GERVILLE.

Comment! Quoi? Qu'est-ce que tu veux dire? Je ne comprends pas.

GISELLE.

Je dis que je veux entrer au couvent des Oiseaux, demain. »

M. de Gerville la regarda avec une telle surprise que Giselle éclata de rire.

GISELLE.

J'ai prié ma tante de me mener au couvent demain, et j'irai.

M. DE GERVILLE.

Je te le défends. Tu n'iras pas.

GISELLE.

J'irai. Cela m'est bien égal que vous me le défendiez; j'irai.

M. DE GERVILLE.

Mais, Giselle, mon ange, mon trésor, si tu me quittes, je mourrai de douleur.

GISELLE.

Du tout, du tout; vous ne mourrez pas; voyez comme maman est raisonnable! elle ne dit rien; elle veut bien, elle. Vous me dites que vous m'aimez, et vous me refusez une chose que vous m'avez promise.

M. DE GERVILLE.

Je ne t'ai jamais promis de te mettre au couvent.

GISELLE.

Non, mais vous m'avez promis tout à l'heure de m'accorder ce que je vous demanderais. Je demande le couvent, et il faut que vous teniez votre promesse. »

Mme de Monclair s'approcha de Victor et lui dit tout bas :

« Cédez, cédez, Victor; n'ayez pas peur; elle n'y restera pas huit jours.

M. DE GERVILLE.

Vous croyez, ma tante?

MADAME DE MONCLAIR.

C'est évident; et si vous l'excitez, nous allons avoir une grêle d'impertinences et un déluge de larmes. »

Victor hésitait encore : Giselle se jeta à son cou, l'embrassa, le combla de caresses. Il dit *oui* enfin; Giselle poussa un cri de triomphe. Léontine étouffa un gémissement; M. de Gerville, étourdi, hors de lui, croyait rêver. Le domestique annonça le dîner; ils passèrent tous dans la salle à manger machinalement, sans se rendre compte de ce qui venait de se passer.

Pendant le dîner, Mme de Monclair fit si bien par ses plaisanteries, par ses persiflages bienveillants du beau parti que prenait Giselle, par ses recommandations de tenir les portes ouvertes pour que Giselle puisse rentrer à la maison sans esclandre, etc., que Victor et Léontine finirent par se persuader bien réellement que leur fille ne ferait qu'une absence de quelques jours. Le calme fut rétabli, la gaieté même revint. Quand Pierre, Noémi et ses sœurs vinrent le soir d'après la demande instante de Léontine, ils apprirent avec une surprise égale à celle de Victor l'entrée de Giselle au couvent; le consentement facile des parents, la joie de Giselle leur semblaient incompréhensibles. Mme de Monclair entraîna Pierre dans un coin et lui expliqua comment elle avait tout préparé et arrangé.

PIERRE.

C'est le plus grand service que vous ayez pu leur rendre à tous, ma chère tante. Si votre plan réussit, si Léontine et Victor ne détruisent pas l'ouvrage du couvent, vous aurez fait le bonheur de Léontine et de Giselle. »

Il fut donc convenu que le lendemain, à midi, Mme de Monclair viendrait chercher Giselle et la mènerait au couvent. M. de Gerville et sa femme devaient y aller le jour d'après pour voir comment elle s'y trouvait et si elle comptait y rester. Giselle, très contente de l'arrangement, alla se coucher et recommanda bien à sa tante d'être exacte.

La soirée se passa en étonnement et en admiration de la fantaisie de Giselle, de l'habileté de Mme de Monclair, de la résignation de Victor et de Léontine, et de la satisfaction de tout le monde.

NOÉMI.

Et que feras-tu de la bonne de Giselle, Léontine? Veux-tu nous la passer? Laurence et Blanche cherchent une femme de chambre pour remplacer la leur qui se marie.

LÉONTINE.

Je compte garder Émilie; Giselle sera peut-être revenue dans huit jours, et certainement avant un mois; elle retrouvera sa bonne, qui est complaisante et excellente pour elle. »

Chacun sourit de l'espoir de Léontine; car tous avaient compris que, quoi qu'il arrivât au couvent, Giselle y resterait parce qu'elle s'y trouverait plus heureuse qu'à la maison, et que l'amour-propre, qui la dominait au plus haut degré, s'y trouvait engagé.

Le lendemain fut un jour douloureux pour la pauvre Léontine et pour Victor.

La satisfaction de Giselle se manifesta même au moment du départ; pas une larme, pas un soupir, pas un regret ne furent accordés à la mère dévouée, mais faible, au père complaisant mais déraisonnable.

Le père et la mère étaient encore sur le perron, essuyant les larmes qui s'échappaient malgré eux, quand Giselle poussa un soupir et dit à sa tante :

« Je plains pauvre maman, et pourtant je suis contente de ne plus être là. Je ne pouvais plus me contenir devant les tendresses excessives de papa et les baisers de maman.

MADAME DE MONCLAIR.

Les tendresses de tes parents auraient dû te toucher, Giselle.

GISELLE.

C'est vrai, ma tante, maman surtout; mais si vous saviez comme c'est impatientant d'être sans cesse embrassée, réembrassée, regardée avec amour, adulée, approuvée à tort, adorée enfin, quand soi-même on est indifférente et ennuyée, vous ne vous étonneriez pas de me voir enchantée de la séparation. Ce n'est que pour deux ans d'ailleurs; deux ans sont bien vite passés.

MADAME DE MONCLAIR.

Je crois que tu ne diras pas de même dans deux jours ou deux semaines.

GISELLE.

Vous croyez, ma tante ? Vous verrez. »

Giselle fut reçue avec empressement; ses amies de la veille lui firent oublier jusqu'à sa tante, qu'elle laissa partir sans lui dire adieu. Le lendemain, la visite de son père et de sa mère ne lui fit que peu de plaisir, parce qu'elle perdait sa récréation avec ses amies, et qu'elle fut embrassée plus de cent fois. Sa première sortie lui fut agréable parce qu'elle fut questionnée, admirée par plusieurs amis de ses parents, et qu'elle fit tout ce qu'elle voulut du matin au soir ; la rentrée fut joyeuse ; son père, qui l'avait ramenée, fut consterné de la gaieté insouciante qu'elle témoigna. Il avait laissé Léontine et Pierre avec Mme de Monclair ; quand il vint leur rendre compte de la manière dont s'était faite la séparation, il mit une telle froideur dans son récit, que Léontine lui reprocha son indifférence pour sa malheureuse enfant.

M. DE GERVILLE.

Malheureuse ! Ha, ha, ha ! Elle est plus heureuse qu'elle ne l'a jamais été ; elle est enchantée de nous avoir quittés ; elle ne pèse pas une once. Nous sommes bien bons de nous tourmenter pour cette petite ingrate.

LÉONTINE.

Ingrate ! Victor, c'est mal ce que tu dis.

M. DE GERVILLE.

Oui, ingrate ; je le répète, une ingrate ! Tu crois qu'elle t'aime ? Pas plus que moi ! Une petite fille sans cœur ! voilà ce qu'elle est. Mes yeux sont bien ouverts sur son compte à présent. Qu'elle revienne à la maison ! et tu verras si je la gâte ! »

Léontine sentait que son mari disait vrai ; elle

pleura. Que pouvait-elle faire ? Sa fille ne dépendait plus d'elle.

« Je suis mère sans enfant, dit-elle. Ah ! si le bon Dieu nous avait accordé d'autres enfants, comme je le lui ai tant demandé, j'en aurais encore pour m'aimer et m'entourer.

M. DE GERVILLE.

Ils auraient fait comme Giselle ; c'est bien la peine de s'éreinter à élever ses enfants pour les voir tourner en cœurs de marbre !

MADAME DE MONCLAIR.

Cela dépend de la manière de les élever, mon cher. Tout ce que vous venez de dire est très juste, sauf votre dernière réflexion. Je me suis tuée à vous dire que vous gâtiez Giselle, que vous la rendriez insupportable, que vous prépariez votre malheur ; Pierre vous l'a dit vingt, cent fois. Noémi l'a dit ; notre ami Tocambel l'a dit ; tout le monde l'a pensé. Et vous avez continué envers et contre tous. Et vous criez, maintenant ! Vous accusez Giselle ! La voilà au couvent, hors des atteintes de vos gâteries ; laissez-la s'élever là-bas ; elle vous reviendra charmante, aimable et respectueuse. Quant à vous aimer plus ou moins, cela dépendra de vous. »

Victor ne répondit rien ; il quitta le salon. Léontine comprit très bien la justesse du rai-

SURPRISE ET INDIGNATION 273

sonnement de sa tante ; elle reprit courage et leur demanda à tous de l'aider à remonter son mari.

XIX

LES VACANCES FONT MAUVAIS EFFET

Les mois se passèrent ; M. de Gerville et sa femme n'espéraient plus voir revenir Giselle ; ils ne le désiraient même plus. Quand elle apportait à ses parents des notes assez satisfaisantes sur son travail, moins bonnes sur son caractère, qui perçait malgré ses efforts, mais, au total, des notes inespérées, sa conduite à la maison semblait démentir la satisfaction que témoignaient les dames du couvent. Elle retrouvait pour ses parents son ancienne impertinence, son insubordination, ses volontés absolues, ses caprices d'autrefois. Plus ses parents lui montraient de tendresse, plus elle leur témoignait de froideur ; plus ils cherchaient à lui complaire, plus elle montrait d'exigence. Avec Mme de Monclair et son oncle Pierre, on retrouvait la Giselle du couvent, assez docile, presque raisonnable. Cette différence était trop visible pour échapper à la maternité jalouse de Léontine ; elle s'en affligeait et ne savait quel moyen prendre pour obtenir de sa fille ce que les autres en recevaient sans l'avoir demandé.

Enfin, elle parut comprendre qu'elle en faisait trop, et que cet excès de complaisance lui faisait perdre le respect de sa fille sans gagner son affection ; elle voulut essayer d'une conduite différente.

Un jour de sortie, Giselle bâillait dans un coin du salon ; Léontine semblait ne pas y faire attention ; elle lisait.

« Maman ! dit enfin Giselle.

LÉONTINE.

Que veux-tu, Giselle ?

GISELLE.

Pourquoi m'appelez-vous *Giselle* ?

LÉONTINE.

Et comment veux-tu que je t'appelle ?

GISELLE.

Comme vous m'appelez toujours : *cher ange* ou *cher amour*.

LÉONTINE.

Tu n'es ni un ange ni un amour ; je te donne

le nom que tout le monde te donne. Mais que veux-tu ?

GISELLE.

Je m'ennuie.

LÉONTINE.

C'est ta faute ; ton papa t'a proposé de te mener au bois de Boulogne, ou sur les boulevards, pour voir toutes sortes de choses curieuses ; tu as tout refusé.

GISELLE.

Parce que cela m'ennuie de sortir avec papa.

LÉONTINE.

C'est aimable pour lui ce que tu dis là.

GISELLE.

Ce n'est pas ma faute ; puisque je m'ennuie avec lui, pourquoi ne le dirais-je pas ? »

Léontine ne répondit pas ; elle reprit sa lecture.

« Maman », dit encore Giselle d'un air dolent.

Léontine ne répondit pas.

« Maman, reprit Giselle d'un air impatienté.

LÉONTINE.

Laisse-moi lire ; tu m'interromps sans cesse.

GISELLE.

Vous n'êtes plus bonne pour moi.

LÉONTINE.

Je suis pour toi ce que tu es pour moi.

GISELLE.

Qu'est-ce que je suis pour vous?

LÉONTINE.

Maussade et indifférente.

GISELLE.

Je vois que vous ne m'aimez plus.

LÉONTINE.

Je t'aime quand tu le mérites.

GISELLE.

Et aujourd'hui, trouvez-vous que je le mérite?

LÉONTINE.

Non, pas du tout.

GISELLE.

Alors je veux retourner au couvent, où tout le monde est content de moi.

LÉONTINE.

Comme tu voudras; j'écrirai à ces dames pour leur expliquer ta rentrée.

GISELLE.

Je ne donnerai pas la lettre, je la jetterai.

LÉONTINE.

Ce n'est pas à toi que je la remettrai, comme tu penses bien.

GISELLE.

Mon Dieu, que je suis malheureuse à la maison! » s'écria Giselle en fondant en larmes.

Léontine fut sur le point de courir à Giselle,

qu'elle s'accusait de traiter trop durement, mais elle se contint et reprit son livre d'une main tremblante.

Giselle pleura, se roula, cria en vain. Léontine lisait toujours; elle aussi pleurait, mais en silence, cachant ses larmes à son ingrate enfant.

Enfin les pleurs de Giselle ne coulèrent plus; elle s'aperçut que sa mère s'essuyait les yeux; elle devina que la tendresse était la même et que la sévérité n'était qu'apparente. Cette pensée la consola, car elle avait été réellement inquiète; elle aimait sa mère en raison de la fermeté qu'elle déployait.

Elle se leva, s'approcha doucement du fauteuil de Léontine, et, passant son bras autour de son cou, elle posa sa tête sur sa poitrine et dit d'une voix calme :

« Maman, ne pleurez pas : je ne retournerai pas au couvent avant ce soir; je vous aime. »

Léontine, trop émue pour parler, l'embrassa, la serra dans ses bras, et, recueillant toute sa force pour ne pas se laisser aller au bonheur et à la tendresse qui remplissaient son cœur, elle lui dit en souriant :

« C'est bien, chère enfant; tu fais très bien.

GISELLE.

Maman, voudriez-vous sortir un peu avec moi?

LÉONTINE.

Très volontiers, chère petite, maintenant que tu es sage. »

Et se levant sans l'embrasser encore et encore, comme s'y attendait Giselle, Léontine alla s'habiller pour sortir. Giselle, un peu pensive et désappointée, mit son chapeau et attendit patiemment que sa mère fût prête.

A partir de ce jour Giselle se contint davantage avec sa mère; mais elle se revengea sur son père, qui continuait son système de gâterie. Giselle l'en récompensait par de l'humeur, de l'impertinence et une exigence toujours croissante.

Les vacances commencèrent bien, et finirent mal. Léontine se laissa aller à de petites concessions, puis à de plus grandes. On était allé passer quinze jours chez M. et Mme de Néri, où se trouvaient Mme de Monclair et M. Tocambel. Un jour Giselle voulut aller à une fête de village. Son père, sa mère et toute la société l'accompagnaient. Pierre s'occupait principalement de ses enfants; ils demandèrent à entrer dans des baraques où on montrait toutes sortes de bêtes féroces.

« Non, mes enfants, répondit M. de Néri; ces bêtes sont mal enfermées quelquefois; en s'en approchant de trop près, vous pourriez attraper

LES VACANCES FONT MAUVAIS EFFET 281

un coup de griffe ou un coup de queue qui vous ferait beaucoup de mal. »

Georges et Isabelle, habitués à obéir, n'insistèrent pas et demandèrent à jouer à la loterie, ce que M. de Néri leur accorda avec plaisir. Pendant qu'ils gagnaient des tasses, des verres, des pains d'épices, Giselle demanda à son tour d'entrer dans la tente des bêtes féroces.

LÉONTINE.

Non, Giselle, ce serait imprudent; tu as entendu ce qu'a dit ton oncle à tes cousins. Allons voir autre chose.

GISELLE.

C'est que j'ai bien envie de voir les bêtes féroces.

LÉONTINE.

Tu en as vu de bien plus belles au Jardin des Plantes.

GISELLE.

C'est égal, je veux voir celles qui sont ici. »

Léontine lutta quelque temps encore; enfin, voyant une scène prête à éclater, M. de Gerville dit :

« Je vais t'y mener. Léontine, avec moi il n'y a aucun danger.

LÉONTINE.

Mais s'il lui arrive quelque chose?

M. DE GERVILLE.

Il ne lui arrivera rien. Il y a une foule de gens qui entrent et qui en sortent vivants et sans blessures.

LÉONTINE.

Je veux bien, Victor, puisque tu le veux. Mais prends bien garde, Giselle chérie; ne t'approche pas de ces vilaines bêtes.

GISELLE.

Soyez tranquille, maman; j'y ferai bien attention. Venez, papa, venez vite; j'aperçois mon oncle Pierre qui revient de notre côté. »

M. de Gerville se hâta de payer et d'entrer dans cette baraque infecte; les animaux étaient d'une maigreur effrayante, leur poil était usé, ils avaient l'air de galeux mourants.

« Qu'ils sont laids! qu'ils sont maigres! s'écria Giselle.

M. DE GERVILLE.

Je ne pense pas qu'ils soient bien dangereux. Ils ont l'air de mourir de vieillesse ou de faiblesse. »

Le rugissement d'un tigre qui se trouvait près de Giselle lui fit peur; elle fit un saut en arrière, marcha sur quelque chose, trébucha et alla tomber sur la cage d'un ours noir caché par l'obscurité.

Le grognement de l'ours excita le tigre, qui recommença à rugir. Giselle, terrifiée, voulut se relever, mais elle se sentit retenue par sa robe, que les griffes de l'ours avaient saisie à travers les barreaux de la cage ; il cherchait à attirer à lui Giselle, qui trébuchait à chaque nouvel effort de l'ours.

« Papa ! papa ! » criait Giselle.

Le tigre et l'ours continuaient leurs rugissements ; les autres animaux, excités par les exclamations des personnes présentes, faisaient un vacarme qui attira les gendarmes et la foule. M. de Gerville avait beau soutenir Giselle et chercher à la dégager : l'ours gagnait du terrain, la manche de la robe de Giselle était déchirée, les griffes de l'ours commençaient à effleurer sa peau ; un gendarme, voyant le péril que courait Giselle, tira son sabre et abattit un bout de la patte de l'ours, qui se réfugia en grondant au fond de sa cage. Giselle était tombée aussi par l'effet de la secousse : le sang de l'ours avait jailli sur elle, et quand son père la releva et l'emporta au dehors, elle paraissait grièvement blessée au bras. Ce fut à ce moment que Léontine, effrayée par les cris qui se faisaient entendre dans la baraque, accourut au secours de Giselle. Quand elle vit son mari emportant sa fille qui avait le bras ensanglanté, elle poussa un cri et perdit connaissance. Tout le monde mit un empressement charitable à secourir Mme de Gerville et Giselle. Plusieurs personnes apportèrent de l'eau pour laver le bras de Giselle et pour mettre ses plaies à découvert. Pendant qu'on s'occupait de Giselle, Pierre bassinait le front et les tempes de Léontine; dès qu'elle ouvrit les yeux, il la rassura sur l'état de sa fille, qui avait assuré n'avoir aucune blessure, ce qui fut constaté avec bonheur par les assistants. Quand chacun fut tranquillisé, on remercia le brave gendarme qui avait usé de son sabre avec tant d'adresse et d'à-propos. Les dames et les messieurs du château de Néri quittèrent la fête; Giselle était trempée; il faisait heureusement très chaud, le soleil l'avait séchée avant qu'elle fût rentrée.

MADAME DE MONCLAIR.

Si tu avais écouté ta maman, Giselle, tu n'aurais pas été secouée par l'ours, ni couverte de son sang; tu n'aurais pas causé à ta mère une frayeur terrible, et tu n'aurais pas troublé la fête pour tout le monde.

GISELLE.

Je ne croyais pas qu'il y eût de danger, ma tante.

MADAME DE MONCLAIR.

Ton oncle Pierre l'avait dit pourtant.

Un gendarme, voyant le péril de Giselle, tira son sabre. (Page 283.

GISELLE.

C'est vrai; aussi je n'aurais pas insisté, si papa ne m'avait offert de me faire entrer dans cette dégoûtante baraque.

M. DE GERVILLE.

Je te l'ai offert parce que tu en avais envie, mon amour.

GISELLE, *sèchement*.

Il ne faut pas toujours faire ce que je demande, vous le savez bien.

M. DE GERVILLE.

Mais, cher amour....

GISELLE.

Oh! papa, je vous en supplie, ne m'appelez pas cher amour; vous savez que je suis loin d'être un amour.

M. DE GERVILLE.

Alors je t'appellerai mon ange, car tu l'es.

GISELLE.

Encore moins! Si vous saviez comme ces choses m'impatientent, je les mérite si peu!

— Cher ange, tu mérites ce qu'il y a de plus excellent », s'écria le père en voulant l'embrasser.

Giselle s'échappa et courut à sa tante : « Vous voyez, ma tante, s'il est possible que je sois sage et aimable. Cela m'ennuie tellement que je serai très contente de voir arriver la fin des vacances.

MADAME DE MONCLAIR.

Ne dis pas de ces choses désagréables pour tes parents, Giselle. La trop grande tendresse de ton père ne t'oblige pas à faire l'enfant gâté, et tu pouvais parfaitement ne pas insister pour obtenir de lui ce que te refusait ta mère. »

Giselle ne répondit pas, elle continua à marcher près de sa tante, qui exerçait son innocente malice sur le pauvre Tocambel, qu'elle faisait courir, qu'elle secouait et taquinait à la grande joie de Giselle; la gaieté de sa tante l'amusait beaucoup plus que les tendresses de ses parents.

La fin des vacances ne fut triste que pour M. et Mme de Gerville. Ils voulaient tous deux ramener Giselle au couvent; mais elle demanda si instamment à sa tante de Monclair, qui revenait ce jour-là à Paris, de ne pas les exposer à ce pénible voyage, et de lui épargner à elle-même d'être témoin des larmes de son père et de sa mère, que Mme de Monclair lui promit de les en détourner; elle y parvint non sans peine en leur représentant le chagrin qu'aurait Giselle pendant tout le voyage.

LÉONTINE.

Pourquoi, ma tante, ne pourrais-je pas accompagner Giselle au couvent avec vous? Nous pren-

drions un compartiment tout entier et nous pleurerions à notre aise.
MADAME DE MONCLAIR.
C'est précisément ce que je veux éviter et ce qui ferait mal à Giselle. Évitez-lui le chagrin de vous voir pleurer. Elle-même m'en a parlé; elle le redoute beaucoup, et elle m'a priée d'arranger les choses pour que je sois seule à l'accompagner. Pierre, Noémi et tes sœurs resteront avec toi une quinzaine encore.
LÉONTINE.
Et je reprendrai ma vie isolée et malheureuse.
MADAME DE MONCLAIR.
Malheureuse, non; tu as un mari qui t'aime; un frère, des sœurs qui t'aiment; une tante qui ne te déteste pas, ajouta-t-elle en riant. D'ailleurs, veux-tu que je te revienne après avoir terminé mes affaires à Paris? Ma fille est en Algérie avec son mari, je suis seule avec le père Toc, que je ramènerai, n'est-ce pas, mon ami? N'allez pas dire non, car vous reviendrez tout de même.
M. TOCAMBEL.
Est-ce que j'ai la liberté de dire *non*, quand vous avez dit *oui*? Je serais bientôt mis en pièces, grâce à votre douceur angélique.
MADAME DE MONCLAIR, *riant*.
Assez; on ne vous demande pas tant de paroles.

C'est convenu. J'emmène Giselle et ma tête à perruque. Je laisse Giselle au couvent et je ramène le gazon, prêt pour la seconde coupe. Et il ne me quittera que lorsque je lui donnerai congé. »

Les choses s'arrangèrent comme l'avait dit Mme de Monclair et comme l'avait voulu Giselle. La séparation fut aussi calme que possible du côté de M. et de Mme de Gerville; ils avaient promis à Giselle de ne pas pleurer. Giselle était sérieuse; le plaisir d'entrer au couvent, où elle se plaisait, était tempéré par la domination qu'elle y subissait forcément.

« Adieu, papa; adieu, ma pauvre maman », cria-t-elle quand elle fut en voiture avec sa tante et M. Tocambel.

La voiture s'éloigna; Léontine fondit en larmes; son mari mêla les siennes à celles de sa femme; il l'emmena dans sa chambre, et il réussit à la calmer en lui représentant le bonheur de Giselle de retrouver son couvent.

« C'est incroyable! dit-il. Je ne comprends pas cet amour du couvent. Comment peut-elle préférer la domination si absolue de ces dames, à la liberté dont elle jouit chez nous?

LÉONTINE.

C'est probablement parce qu'elle a besoin de

se sentir tenue. Nous lui laissons trop de liberté; elle en abuse, et elle le sent; elle est humiliée d'avoir fait des sottises. Au couvent, elle obéit; ici, elle ordonne.

M. DE GERVILLE.

Mais comment s'est-elle décidée à obéir, elle qui, malgré sa gentillesse, était toujours en révolte chez nous?

LÉONTINE.

Parce qu'elle est en nombreuse compagnie pour obéir; l'exemple l'entraîne, la crainte de donner mauvaise opinion d'elle la retient, et l'habitude de l'obéissance la lui rend facile.

M. DE GERVILLE.

Enfin, il faut patienter encore un an! La première communion sera faite, et nous la reprendrons chez nous.

LÉONTINE.

Si toutefois elle veut bien y rentrer.

M. DE GERVILLE.

Comment, si elle veut! Je saurai bien l'y obliger. Là-dessus je ne faiblirai pas!

LÉONTINE.

Toi! pauvre Victor! tu obéiras à la première sommation de Giselle.

M. DE GERVILLE.

Tu verras cela. N'en parlons pas d'avance seulement, pour qu'elle ne prenne pas le temps de se préparer à la résistance. »

Léontine sourit ; elle prévoyait que Giselle n'en ferait qu'à sa tête, et que le père lui céderait au premier mot.

XX

LUTTE ET VICTOIRE DE GISELLE

Une seconde année se passa comme la précédente; la première communion sembla amener dans Giselle un changement marqué, même vis-à-vis de ses parents. Léontine ne pleurait plus sur l'indifférence de sa fille; sans être tendre, Giselle était polie, aimable; elle ne repoussait aucune des caresses, quelquefois excessives, de sa mère. Le père la trouvait froide, mais convenable; elle ne le recherchait pas, mais elle n'évitait pas non plus les promenades qu'il lui proposait, les visites qu'il désirait faire avec elle. Aux vacances, il y eut bien quelques révoltes, quelques retours d'impertinence; mais la faute était toujours suivie de repentir. Elle faisait des excuses, et cherchait visiblement à réparer le mal qu'elle avait fait.

Une lutte formidable s'engagea vers la fin des vacances, quand Giselle parla du départ prochain et que M. de Gerville lui déclara qu'il n'y aurait pas de départ cette année, qu'elle resterait avec eux, que le temps du couvent était fini.

Giselle était nonchalamment étendue dans un fauteuil; elle bondit sur ses pieds et regarda son père avec une surprise mêlée d'indignation.

GISELLE.

Vous ne voulez pas me laisser rentrer au couvent? Est-ce une plaisanterie, ou parlez-vous sérieusement, papa?

M. DE GERVILLE.

Très sérieusement, chère enfant; je ne veux plus vivre séparé de toi. J'ai besoin de te voir tous les jours, de t'embrasser, de te savoir près de moi.

GISELLE.

Et moi, papa, j'ai plus besoin encore de vivre avec mes maîtresses, qui sont bonnes, fermes et douces. Si vous me reprenez, je redeviendrai méchante, insupportable; vous me rendrez détestable, et ce sera votre faute, pourtant, et pas la mienne.

M. DE GERVILLE.

Ma chère enfant, tout ce que tu dis ne me fait

aucune impression. Je veux te garder. Tu es ma fille unique; la vie nous est trop pénible sans toi : ta pauvre mère le trouve comme moi. Elle....

GISELLE, *s'animant*.

Ce n'est pas possible. Maman est beaucoup plus courageuse que vous; elle m'aime plus sagement que vous. Elle cherche mon véritable bien, et je suis sûre que si maman était seule, sans vous, elle me laisserait rentrer au couvent.

M. DE GERVILLE.

Tu as, en effet, joliment gagné au couvent. Tu me dis autant d'impertinences que de mots. Tu témoignes une crainte de vivre avec nous qui prouve non seulement une indifférence complète, mais une aversion inexplicable, à laquelle je ne veux pas céder et que je veux vaincre par la force.

GISELLE, *se contenant*.

Je n'ai pas d'aversion ni d'indifférence pour vous, papa, au contraire; mais je vous crains. Je crains votre faiblesse, je crains la mienne; je sens le mal que vous me faites, et je veux prendre des forces contre vous. Je sens que je suis encore trop jeune pour vivre sans direction. Je n'ai pas d'amis, je n'ai que des esclaves. Là-bas, j'ai des maîtresses qui savent me diriger, des compagnes qui ne craignent pas de me contrarier et de me faire céder.

J'ai la conscience tranquille, je suis heureuse; je m'amuse. Ici, je suis troublée, mécontente; je m'ennuie. On m'adore, et... et.... Enfin, je veux retourner au couvent et y rester encore pendant quelques années. »

M. de Gerville était comme pétrifié. Cette sortie vigoureuse de sa fille l'avait pris par surprise. Ses raisonnements au-dessus de son âge, l'audace de ses réflexions, la fermeté de son langage, la sagesse de ses motifs, le remplissaient d'étonnement et d'incertitude; il n'avait aucun raisonnement à opposer aux siens; les faits donnaient gain de cause à Giselle, et pourtant il ne voulait pas rester plus longtemps séparé d'elle. Après quelques instants de silence, il lui dit :

« Je réfléchirai, je verrai, j'en parlerai à ta mère.

GISELLE.

Et si maman vous conseille de me laisser retourner au couvent?

M. DE GERVILLE.

Tu y retourneras. Mais, ne t'en flatte pas : elle n'y consentira pas. »

Giselle sourit d'un air incrédule et courut chez sa mère.

GISELLE.

Maman, ma bonne maman, n'est-ce pas que j'ai

raison quand je dis que vous m'aimez beaucoup et sagement?
LÉONTINE.

Tu as cent fois raison, ma Giselle chérie. Je t'aime beaucoup et j'espère t'aimer sagement.
GISELLE.

Alors, maman, vous m'accorderez ce que je vais vous demander?
LÉONTINE.

Certainement, si tu demandes une chose raisonnable.
GISELLE.

C'est non seulement raisonnable, mais très bien.
LÉONTINE.

Alors, je te l'accorde volontiers.
GISELLE.

Vous le jurez?
LÉONTINE, *riant*.

Non; avant de prêter serment, je veux savoir ce que je promets.
GISELLE.

C'est.... Je crains que vous ne vouliez pas; et cela me ferait tant de chagrin!
LÉONTINE.

Raison de plus pour que je ne te refuse pas, ma pauvre enfant. Que désires-tu? Dis-le; tu sais que je t'accorde tout ce que je puis t'accorder sans trop de déraison.

GISELLE.

C'est que... ce que je désire tant vous fâchera.

LÉONTINE.

Jamais je ne me fâcherai de ce qui peut te satisfaire, cher trésor. Mon bonheur est de te voir heureuse.

GISELLE.

Eh bien, maman, je viens vous demander, vous supplier de me laisser retourner au couvent.

LÉONTINE.

Au couvent! tu aimes mieux vivre au couvent que vivre chez nous, avec nous?

GISELLE, *embarrassée.*

Oui, maman.

LÉONTINE, *avec tristesse.*

Pourquoi, ma Giselle? Tu ne nous aimes donc pas?

GISELLE.

Si fait, maman; mais... vous allez être mécontente si je vous dis pourquoi.

LÉONTINE.

Non, non, mon enfant; parle franchement.

GISELLE.

C'est que je m'ennuie ici. Je n'ai pas d'amis; je ne vois presque personne que des oncles, des tantes ou des petits qui m'ennuient, comme Georges et Isabelle.

LÉONTINE.

Mais, Giselle, pense donc que tu n'as que treize ans. Si je vois peu de monde à la campagne, c'est pour ne pas déranger ta vie calme et tes études. Tu avais de jeunes amies; tu les as toutes repoussées; et c'est toi-même qui refuses d'y aller, c'est toi qui m'empêches de les inviter.

GISELLE.

C'est parce qu'elles sont toutes ennuyeuses et contrariantes. Au couvent, il y en a tant, que je peux choisir celles qui me plaisent. On joue toutes ensemble, on travaille ensemble; c'est tout autre chose.

LÉONTINE.

Écoute, Giselle, je ne veux pas te refuser avant d'en avoir causé avec ton père; il désire vivement te ravoir à la maison, et je crois qu'il ne voudra pas te laisser partir.

GISELLE.

Il m'a dit qu'il le voulait bien, si vous y consentiez.

LÉONTINE.

Demain je te dirai ce que nous avons décidé.

GISELLE.

Non, pas demain, tout de suite. Je vous en prie, maman chérie, tout de suite. »

Giselle embrassa, câlina, supplia tant sa mère,

qu'elle consentit à en parler tout de suite à son mari.

GISELLE.

Allez, allez vite, maman ; je vous attends. »

Léontine, quoique peinée de l'empressement de Giselle, alla chez son mari, qu'elle trouva préoccupé de la scène qu'il venait d'avoir avec sa fille.

Quand il eut entendu ce que Léontine avait à lui dire, il lui raconta à son tour la conversation qu'il avait eue avec Giselle, et il demanda à Léontine quel était son avis.

LÉONTINE.

Je pense, Victor, que nous devons faire le sacrifice de Giselle pour un an encore, quelque pénible qu'il nous soit. Si nous la retenons de force, elle sera très mécontente ; elle nous le fera rudement sentir. Tandis qu'en lui faisant la concession d'une année, elle en sera peut-être reconnaissante.

M. DE GERVILLE.

Peut-être, comme tu le dis, Léontine. Essayons cette fois encore. Je crains, en vérité, que Giselle... n'ait pas beaucoup de cœur.

LÉONTINE.

Son cœur se développera, Victor, et le couvent finira par l'ennuyer. Seulement, aux vacances

« Je vous en prie, maman chérie. » (Page 299.)

prochaines, tâchons de l'amuser, d'avoir du monde, des dîners, de petites soirées dansantes. Elle aura quatorze ans; elle comprendra qu'on peut vivre gaiement chez ses parents.

M. DE GERVILLE.

Très bien; je ne demande pas mieux. Réglons notre vie sur les goûts et l'âge de notre fille; en la rendant heureuse, en lui faisant aimer notre intérieur, nous aurons atteint notre but. »

Ils allèrent tous deux annoncer à Giselle qu'elle aurait encore un an de couvent. Elle fut contente, mais pas autant que l'annonçait son désir si fortement exprimé. C'est que la porte mal fermée de la chambre de son père lui avait donné l'idée de s'en approcher; elle avait entendu la conversation et les projets de ses parents pour les vacances prochaines, et elle regrettait de ne pouvoir les faire mettre à exécution cette année; mais un changement de volonté n'était plus possible après l'insistance qu'elle avait mise à retourner au couvent. Elle résolut donc d'attendre le terme fixé par ses parents.

En les remerciant de leur complaisance à céder à ses vœux, elle leur promit de ne plus rien demander pour l'année suivante.

« Je serai même très contente de ne plus vous quitter, ajouta-t-elle. Je n'aurai plus besoin du couvent, et je serai très heureuse avec vous. »

Cette assurance causa une agréable surprise à Léontine et à M. de Gerville; ils l'embrassèrent au point de la fatiguer. Quand le jour du départ arriva, elle témoigna du déplaisir de s'en aller. Ce regret, exprimé pour la première fois depuis trois ans, fut un vrai bonheur pour son père et pour sa mère, qui la ramenèrent pour la dernière fois à son couvent si désiré.

L'année ne se passa pas sans orages. Les notes de Giselle furent de moins en moins favorables; on se plaignait de son caractère, de son indocilité; elle fut en retenue plus d'une fois. Ses amies, ou plutôt ses compagnes, la trouvaient exigeante et volontaire. L'amour-propre excessif de Giselle empêchait le relâchement dans le travail et retenait seul les violences auxquelles elle se serait livrée sans la crainte de notes humiliantes et d'un renvoi probable.

XXI

GISELLE QUITTE LE COUVENT
ET REDEVIENT TYRAN — JULIEN ENTREPREND
DE LA RÉFORMER

Lorsque l'époque des vacances arriva, elle quitta le couvent sans témoigner ni regret ni affection à personne. Elle se trouvait suffisamment instruite; elle ne s'y amusait plus autant, elle espérait mener une vie plus gaie, plus agréable à la maison. Le bonheur qu'elle témoigna à son père, quand il vint la chercher, émut profondément M. de Gerville.

« Léontine avait raison, pensa-t-il : le cœur de ce cher ange s'est enfin ouvert pour nous. »

Quand Giselle arriva, elle fut reçue à cœur et à bras ouverts par sa mère, ses oncles, ses tantes, ses cousins et quelques amis que ses parents avaient engagés à passer le temps des vacances au château de Gerville. Sa tante Blanche, mariée depuis trois ans, s'y trouvait avec son mari, Octave du Milet. Laurence avait épousé depuis deux mois M. de Lacour, jeune homme accompli, qui avait été également invité à passer à Gerville le mois que devaient y rester M. et Mme de Néri avec d'autres amis.

Tout ce monde éblouit et enchanta Giselle; elle pensa qu'elle allait s'amuser, danser, faire des promenades agréables; elle fut donc charmante pour sa mère, pour ses tantes, ses oncles, pour tout le monde. Elle plut beaucoup à toutes les personnes présentes. Giselle était fort jolie, brune, fraîche, gracieuse; des yeux noirs qui semblaient être des yeux de velours, des traits fins, des lèvres vermeilles, une forêt de cheveux très noirs, brillants comme de la soie, une physionomie animée, intelligente, une taille souple, élevée et déjà formée, malgré sa grande jeunesse. Sa conversation était gaie, vive, spirituelle; son rire, frais et joyeux, était communicatif et donnait envie de rire, rien qu'à l'entendre. Telle était Giselle à quatorze ans, quand elle rentra chez ses parents; cette figure charmante, quoique trop décidée, perdait tout son charme quand Giselle était irritée ou seulement mécontente; les yeux de velours avaient un regard d'acier; sa peau rougissait, sa gaieté faisait place à un air maussade, grognon, furieux même, selon le degré de l'irritation qui la dominait.

Les premiers jours de son arrivée furent irréprochables; mais un matin, en entrant au salon, où se trouvaient ses trois jeunes tantes, ses trois cousins, le mari de Laurence et quelques autres amis, Giselle trouva le fauteuil de sa mère occupé par Blanche.

GISELLE.

Ma tante, voulez-vous me donner mon fauteuil?

BLANCHE.

Comment, ton fauteuil! D'abord, c'est le fauteuil de ta mère; ensuite une petite fille n'a pas son fauteuil dans un salon; et enfin une nièce ne déplace pas sa tante, surtout quand la nièce n'a que quatorze ans.

GISELLE, *vivement*.

Je ne suis pas une petite fille; à quatorze ans on est une jeune personne. Et puis, je prends toujours le fauteuil de maman quand elle n'y est pas.

BLANCHE.

Mais comme j'y suis, j'y reste.

GISELLE.

Je le dirai à maman, et maman me le fera rendre.

BLANCHE.

Ta maman sera, j'en suis sûre, plus polie que toi ; elle t'enverra promener.

GISELLE.

Je voudrais bien voir cela; maman m'écoute toujours. C'est vous qui êtes impolie, vous me parlez comme si j'avais sept ans.

BLANCHE.

Parce que tu me fais oublier ton âge; tu te comportes comme si tu avais sept ans.

GISELLE.

Enfin je veux mon fauteuil, et je l'aurai.

BLANCHE.

Tu n'auras pas mon fauteuil tant que je voudrai le garder. »

Le visage de Giselle était écarlate; ses yeux commençaient à flamboyer.

« Blanche, soyez plus raisonnable que votre nièce, dit en riant un ami des trois cousins, Julien de Montimer, et prenez le fauteuil que je vous amène; il est meilleur que celui de Mlle de Gerville.

— Au fait, dit Blanche, j'aime mieux céder pour éviter une défaite; je vois à la figure de Giselle qu'elle s'apprête à me livrer bataille, et j'avoue que les combats ne me plaisent guère. »

En disant ces mots, Blanche se leva et prit le siège que lui offrait Julien.

Giselle était un peu honteuse ; elle s'assit dans le fauteuil de sa mère, mais elle s'y sentit mal à l'aise ; elle n'y resta que quelques instants. Julien, la voyant embarrassée et isolée, car tout le monde la blâmait, eut pitié de son embarras et s'approcha d'elle.

JULIEN.

Votre triomphe ne vous a pas profité, Mademoiselle ; vous ne paraissez pas contente de votre fauteuil.

GISELLE.

C'est qu'ils m'ont tous abandonnée ; personne ne me regarde seulement.

JULIEN.

Parce qu'on craint sans doute de voir votre visage, toujours riant et aimable, altéré par une irritation à laquelle nous ne sommes pas habitués.

GISELLE.

Mais j'avais pourtant raison d'exiger une place qui est à moi.

JULIEN.

Je ne le pense pas, Mademoiselle ; j'ai trouvé les raisons de votre tante bonnes et vraies.

GISELLE.

Vous trouvez donc qu'on doit me traiter comme une petite fille?

JULIEN.

Non, non; à moins que vous ne le désiriez vous-même en agissant comme une petite fille. On pourrait dans ce cas oublier que vous êtes plus près de la jeune personne que de l'enfant. »

Giselle n'était pas très contente; elle ne répondit pas et alla s'asseoir dehors sur la pelouse où jouaient Georges et Isabelle. Personne ne l'y suivit; elle resta seule.

« Est-ce que Giselle est sujette à des accès d'humeur comme celui qu'elle vient d'avoir? demanda Julien à Blanche.

BLANCHE.

Elle est encore si jeune qu'elle ne raisonne pas toujours ses paroles et ses démarches; mais son accès, comme vous l'appelez, n'a pas duré.

JULIEN.

Est-il vrai que ses parents l'ont beaucoup gâtée dans son enfance?

BLANCHE.

Très vrai; et ils la gâtent encore; elle a eu le courage et le bon sens de vouloir entrer au couvent, sans quoi elle ne serait pas instruite et gentille comme elle l'est.

JULIEN.

Ah! c'est elle qui l'a voulu? C'est très beau cela.

BLANCHE.

Oui: c'est d'autant plus beau que ses parents en étaient désespérés. Il y a beaucoup de bon dans Giselle; c'est pourquoi je demande toujours de l'indulgence pour les défauts qui lui restent et qui finiront certainement par disparaître. »

Blanche, dans sa grande bonté, jugeait sa nièce plus favorablement qu'elle ne le méritait; elle continua à atténuer ses torts, les rejetant sur les vices de son éducation.

Cette conversation fit penser à Julien qu'il fallait beaucoup céder à Giselle et chercher à l'améliorer en la prenant par la douceur, tout en profitant de ses bons moments pour lui résister et la faire céder. Il venait très souvent chez M. et Mme de Gerville et dans toute la famille depuis le mariage de Blanche; il était l'ami intime du mari de Blanche. Mais c'était la première fois qu'il se rencontrait avec Giselle, qui sortait rarement du couvent; il n'avait pas encore été invité par M. et Mme de Gerville à venir à la campagne; cette année, le retour de Giselle, le désir de l'amuser, de réunir du monde autour d'elle, lui donna l'idée de faire des invitations pour les vacances et les deux ou trois mois d'automne et de chasse.

Julien avait vingt et un ans, il était riche, il avait perdu ses parents fort jeune; indépendant, aimable, spirituel et d'un caractère charmant, tout le monde le voyait avec plaisir faire partie de l'intimité du château de Gerville. Il aimait l'occupation et il passait une grande partie de sa matinée et de l'après-midi à préparer un dernier examen de droit qu'il devait passer à la fin de l'automne et après lequel il devait entrer au conseil d'État.

Julien s'intéressait à Giselle; témoin des gâteries dont souffraient le caractère et le cœur de cette jeune fille, il croyait pouvoir triompher de cette mauvaise éducation et rendre bonne une nature qui aurait pu le devenir, mais sur laquelle il s'abusait, au point où elle en était arrivée. Il était pourtant réellement parvenu, au bout d'un mois, à acquérir de l'influence sur Giselle; elle se contraignait en sa présence; elle réprimait devant lui la violence de son caractère et ses impertinences envers son père, sa mère et ses tantes.

Blanche était ravie des progrès de sa nièce, qu'elle ne voyait guère qu'au salon et à la promenade. Léontine cachait soigneusement à ses sœurs et à son frère les incartades de sa fille. L'amélioration produite par le couvent s'effaçait graduellement; les volontés de Giselle devenaient de plus en plus difficiles à satisfaire.

Léontine tremblait que quelque violence échappée en public ne vînt trahir les défauts graves de Giselle et sa propre faiblesse; quant à M. de Gerville, il ne se gênait pas pour gâter sa fille en présence de sa famille et de ses amis. On levait les épaules, et on admirait Giselle de ne pas abuser davantage de la condescendance de son père.

Un jour, M. de Gerville descendait dans la cour avec son beau-frère pour essayer des chevaux qu'il voulait acheter.

GISELLE.

Où allez-vous avec mon oncle, papa?

M. DE GERVILLE.

Nous allons faire atteler des jeunes chevaux pour essayer de les dresser.

GISELLE.

Je voudrais y aller avec vous, papa.

M. DE GERVILLE.

Impossible, chère enfant; ces chevaux peuvent être trop vifs, méchants, et il pourrait arriver un accident.

GISELLE.

Pourquoi y allez-vous alors, papa? Puisque

c'est dangereux pour moi, c'est dangereux aussi pour vous et pour mon oncle.

M. DE GERVILLE.

Non, ma chérie, parce que nous autres hommes nous savons nous tirer d'affaire; nous ne perdons pas la tête, nous pouvons sauter hors de la voiture....

GISELLE.

Et pourquoi ne sauterais-je pas aussi?

M. DE GERVILLE.

Parce que tes jupons se prendraient dans les roues ou gêneraient tes mouvements.

GISELLE.

Je veux y aller tout de même, papa; je vous en prie, emmenez-moi.

M. DE GERVILLE.

Je t'en supplie, mon amour, n'insiste pas; je t'assure que pour toi il y a du danger. »

Plus M. de Gerville cherchait à dissuader Giselle, plus elle insistait; elle le suivit dans la cour, elle vit atteler les chevaux, et quand son père et son oncle montèrent dans le chariot, ils y trouvèrent Giselle montée avant eux.

M. DE NÉRI.

Victor, faites-la descendre, je vous en prie; elle court de vrais dangers, vous le savez bien. Je ne vous accompagne pas si Giselle y va.

« Ma Giselle, je t'en supplie ! » (Page 317).

« Ma Giselle, ma petite Giselle, je t'en supplie! dit M. de Gerville.

GISELLE, *riant.*

Il n'y a pas de Giselle, ni de petite Giselle qui tienne ; je reste où je suis. »

M. de Néri, fort embarrassé de ce qu'il devait faire, voulut prendre Giselle et la faire descendre de force, mais elle poussa des cris qui attirèrent quelques personnes, entre autres Julien et son ami, le mari de Blanche.

« Qu'y a-t-il donc? s'écrièrent-ils en accourant.

M. DE NÉRI.

C'est Giselle qui veut absolument nous accompagner dans cet essai de chevaux, et nous avons beau lui dire qu'elle court de vrais dangers, elle ne veut pas nous écouter.

JULIEN.

Tout le monde sait que Mlle Giselle est très courageuse et ne craint pas le danger ; mais quand elle saura que l'inquiétude que vous donnera sa présence peut avoir de funestes résultats pour son père et pour vous, Monsieur de Néri, je suis bien sûr qu'elle sera la première à vouloir descendre.

GISELLE.

Vous croyez, Monsieur Julien, qu'il y a du

danger pour papa et pour mon oncle, si je les accompagne?

JULIEN.

Certainement, Mademoiselle, parce qu'au lieu de s'occuper des chevaux et d'avoir la tête bien libre en cas de danger, ils s'occuperont de vous et ils ne tiendront pas les chevaux comme il le faudrait.

— Alors je descends », dit Giselle en sautant à bas du chariot.

Julien triomphait en lui-même. Si on lui parlait raison, pensait-il, elle serait docile comme un agneau. Ils ne savent pas la prendre.

XXII

JULIEN RÉUSSIT

« Maman, dit Giselle peu de jours après, je voudrais bien monter à cheval.
LÉONTINE.
Tu es trop jeune, chère enfant; et, n'ayant jamais pris de leçons au manège, tu ne peux pas commencer par des promenades dans les champs.
GISELLE.
Pourquoi cela? Ils montent tous à cheval ici.
LÉONTINE.
Les hommes, oui; mais pas les femmes.
GISELLE.
C'est la même chose; si les hommes montent, les femmes peuvent bien monter aussi.

LÉONTINE.

Non, c'est plus dangereux pour les femmes que pour les hommes.

GISELLE.

Ah! par exemple! Je tiendrais mon cheval tout aussi bien que papa, mes oncles, mes cousins et tous ces messieurs.

LÉONTINE.

Tu n'as pas dans les mains la force de ces messieurs pour tenir ton cheval; ensuite les femmes sont assises de côté sur leur cheval; elles sont moins solides à cheval que les hommes.

GISELLE.

C'est égal! il faut que je monte à cheval; cela m'amusera beaucoup.

LÉONTINE.

Non, cher amour, n'y pense pas; tu as tant d'autres manières de t'amuser.

GISELLE.

J'aime mieux monter à cheval; j'irai faire des promenades dans la forêt.

LÉONTINE.

Il n'y a pas ici de chevaux que tu puisses monter; ils sont tous trop vifs.

GISELLE.

Dites à papa de m'en acheter un.

LÉONTINE.

Ce ne serait pas raisonnable, ma minette; dans deux ou trois ans, nous verrons.

GISELLE.

Non, je ne veux pas attendre si longtemps; il faut que je commence demain.

LÉONTINE.

Mais, Giselle, tu n'y penses pas; d'abord il n'y a pas de selle de femme.

GISELLE.

Si fait; j'en ai vu une et même deux dans la sellerie; le cocher m'a dit qu'elles avaient servi à mes tantes et à vous.

LÉONTINE.

Quand même il y aurait dix selles, du moment qu'il n'y a pas de cheval convenable pour toi, c'est comme s'il n'y en avait pas.

GISELLE.

Mais c'est ennuyeux, ça! Vous me refusez tout ce que je vous demande.

LÉONTINE.

Ma chère petite, c'est que tu me demandes des choses impossibles, dangereuses. Comment veux-tu que je te les accorde?

GISELLE.

Si papa me permet, le permettrez-vous aussi?

LÉONTINE.

Je ne sais pas.... Je crains....

GISELLE.

Ne craignez rien, maman; dites oui, ou je pleurerai toute la journée.

LÉONTINE.

Mon Dieu, mon Dieu, Giselle, que tu es tenace dans tes volontés!

GISELLE.

C'est parce qu'elles sont bonnes. Voyons, maman, dites oui, et je me laisserai embrasser toute la journée par vous et par papa.

— En vérité! dit Léontine joyeuse et embrassant Giselle plus de vingt fois. Eh bien! oui, si papa y consent, tu monteras à cheval; mais laisse-moi t'embrasser encore... et encore. »

Giselle se laissa faire de bonne grâce et courut à la recherche de M. de Gerville.

Elle rencontra dans la cour Julien qui rentrait.

« Monsieur Julien, où est papa? Dites-le-moi vite, j'ai besoin de lui parler.

JULIEN.

Il est chez le garde; mais c'est donc bien pressé, Mademoiselle?

GISELLE.

Très pressé, extrêmement pressé; il faut que vous m'aidiez. Venez avec moi; courons vite pour trouver papa.

— Mais qu'est-ce donc, Mademoiselle? Et en

quoi puis-je vous aider? demanda Julien courant après Giselle.

— Vous allez le savoir quand nous aurons trouvé papa », répondit Giselle courant toujours.

Tout en courant, elle lui expliqua qu'elle voulait monter à cheval, et qu'il lui fallait un cheval et une selle. La conversation n'était pas facile en courant à perdre haleine; aussi Julien l'écoutait sans répondre et s'étonnait de cette idée nouvelle qui avait jailli si impétueuse du cerveau de Giselle.

Ils arrivèrent chez le garde cinq minutes après le départ de M. de Gerville.

GISELLE.

Savez-vous, Renaud, où est allé papa?

LE GARDE.

Je crois, Mademoiselle, qu'il est allé au moulin.

GISELLE.

Courons au moulin, Monsieur Julien. »

Et Giselle partit comme un trait.

« Mademoiselle, Mademoiselle Giselle! » criait Julien en courant après elle.

Mais Giselle ne l'écoutait pas et courait toujours.

JULIEN, *courant*.

Mademoiselle!... Arrêtez un instant.... Je ne peux pas vous suivre....

« Je n'en puis plus », cria-t-il une dernière fois en s'arrêtant essoufflé, suffoqué de sa course longue et rapide.

Giselle était hors de vue. Julien s'assit.

« Ma foi! il m'est impossible de la suivre.... Au fait, je n'ai pas besoin de me ployer à toutes ses fantaisies. Cette idée de poursuivre son père comme un lièvre à la course! Elle veut monter à cheval, à ce qu'il paraît; si j'étais son père, je le lui refuserais joliment. C'est une folie! Une enfant qui n'a jamais pris de leçons de manège et qui veut monter en pleine campagne des chevaux jeunes et fringants. Elle se cassera le cou! J'espère bien que les parents ne seront pas assez faibles pour la laisser faire. Et s'ils ont la niaiserie d'y consentir, j'userai de mon influence pour lui faire abandonner cette folie. Elle m'écoute presque toujours, parce que je sais la prendre. C'est dommage que je ne sois pas son père : j'en ferais une personne aussi charmante au moral qu'elle l'est au physique; telle qu'elle est, elle n'est pas supportable. »

Quand Julien fut de retour au château, il trouva tout le monde prêt à se mettre à table. Il expliqua la cause de son retard; Giselle se moqua de sa paresse.

« Heureusement que je n'ai pas eu besoin de

« Cette idée de poursuivre son père comme un lièvre à la course! »

votre aide, Monsieur Julien; papa, qui est très bon, m'a accordé presque tout de suite ce que je lui demandais.

M. DE GERVILLE.

Presque tout de suite, c'est une manière de parler; c'est-à-dire que tu m'as tant tourmenté, que j'ai cédé de guerre lasse. Figurez-vous, Julien, qu'elle s'est pendue à mon cou, me serrant comme dans un étau et assurant qu'elle ne me lâcherait que lorsque j'aurais consenti à sa demande; je l'ai embrassée dix fois, vingt fois; à la fin j'en avais assez, et j'ai dit *oui* pour pouvoir respirer librement.

GISELLE.

Et papa m'a promis que ce serait vous qui me donneriez mes premières leçons, Monsieur Julien.

JULIEN.

Je suis désolé, Mademoiselle, de ne pouvoir ratifier la promesse de M. de Gerville; je ne peux pas vous donner les leçons que vous réclamez.

GISELLE.

Pourquoi cela? Une heure par jour seulement.

JULIEN.

Je travaille à mon examen de droit, Mademoiselle, tout le temps que je ne consacre pas au salon et à la promenade de ces dames.

GISELLE.

Vous n'êtes pas obligé de passer votre examen cette année; vous pouvez le retarder de quelques mois.

JULIEN.

Non, Mademoiselle, je ne reculerai pas l'accomplissement d'un devoir pour un plaisir.

GISELLE.

Vous ne travaillez pas par devoir à votre âge.

JULIEN.

Pardon, Mademoiselle, le devoir de tout homme est de se rendre utile à son pays le plus tôt possible.

GISELLE.

Dites tout simplement que cela vous ennuie de me donner des leçons.

JULIEN.

Ce n'est pas de l'ennui, mais un remords de conscience.

GISELLE.

Comment, pourquoi un remords?

JULIEN.

Parce que je ne veux pas vous aider à vous tuer ou à vous estropier.

GISELLE.

Me tuer, quelle folie! comme si l'on se tuait en montant à cheval.

JULIEN.

Oui, Mademoiselle, dans les conditions où vous êtes, on risque beaucoup. Des chevaux vifs et ardents, une main faible et inhabile pour les mener, un maître inexpérimenté et sans autorité, la rase campagne pour manège, c'est plus qu'il n'en faut pour amener les plus graves accidents. »

Giselle ne dit plus rien; elle regarda avec inquiétude sa mère, qui regardait à son tour d'un air reconnaissant le courageux Julien; il affrontait sans crainte la colère de Giselle et il avait quelque chance de réussir à la faire changer d'idée.

Le reste de la société applaudit à la franchise de Julien, et s'unit à lui pour détourner M. et Mme de Gerville de céder à la fantaisie dangereuse de leur fille. Rien ne fut décidé à cause des regards courroucés de Giselle; elle ne disait mot.

Après déjeuner Giselle s'approcha de Julien.

« Monsieur Julien, dit-elle, vous m'avez fait une méchanceté dont je vous garderai rancune.

JULIEN.

J'en serai d'autant plus peiné, Mademoiselle, que j'ai parlé en ami sincère et dévoué, qu'il m'en a beaucoup coûté de vous contrarier, et que je vous aurais volontiers sacrifié mon travail, si je n'avais eu la vraie, la seule raison de mon refus, la crainte des dangers que vous alliez courir.

GISELLE.

Est-ce bien sincère ce que vous dites?

JULIEN.

Aussi vrai que si je parlais devant le bon Dieu.

— Alors,... alors dit Giselle en perdant son air mécontent, je me rends à votre conseil; je ne monterai pas à cheval.

— Merci, Mademoiselle, dit Julien, touché de cet effort de raison. Merci, je vous suis plus dévoué que jamais.

— Maman, dit Giselle, tranquillisez-vous, je renonce à monter à cheval.

LÉONTINE.

Quel bonheur! Que tu es aimable et bonne, ma Giselle! De quelle inquiétude tu me délivres!

GISELLE.

Où est papa? que je lui porte cette bonne nouvelle.

MADAME DE GERVILLE.

Il est allé à la sellerie pour faire arranger la selle que tu devais avoir.

— Monsieur Julien, dit Giselle en se tournant vers lui avec un sourire, ayez l'obligeance de faire part à papa de mes changements de projets et dites-lui à qui il les doit.

JULIEN.

Je laisse ce dernier soin à votre générosité, Mademoiselle; mais je vais m'acquitter avec bonheur de la première partie de votre commission. »

Giselle proposa à sa mère de rejoindre dans le jardin ses tantes et son oncle, ce que Léontine accepta avec un empressement joyeux.

GISELLE.

Et vous ne m'embrassez pas, maman, pour me récompenser de ma sagesse?

LÉONTINE.

Je craignais de t'ennuyer, mon enfant chérie; sois bénie, mille fois bénie de la bonne action que tu viens de faire. »

Et Léontine, profitant de l'invitation de sa fille, l'embrassa tendrement, mais avec mesure, de peur de la contrarier.

XXIII

GISELLE VEUT SE MARIER

La saison s'acheva ainsi, gaiement pour Giselle. La société se dispersa pourtant; Julien partit à la fin d'octobre pour passer son examen; Blanche et son mari restèrent un mois encore avec Léontine. Après le départ de Julien, Giselle se laissa aller davantage à ses caprices et à ses violences; à mesure qu'elle s'amusait moins, son caractère difficile reprenait le dessus; Léontine pleurait souvent; M. de Gerville était sombre et taciturne; Giselle était sans cesse mécontente et ennuyée. Ses éclairs de tendresse pour ses parents devenaient de plus en plus rares. La seule chose bonne dans laquelle elle persévérait était l'étude;

elle lisait beaucoup; elle travaillait presque sans relâche à sa musique, parce que c'était un moyen de briller; elle se promenait souvent pour prendre des vues, pour faire des études d'arbres, de premiers plans, de lointains; le pays était joli, fort accidenté. Giselle dessinait bien. Revenue à la maison, elle achevait son dessin, soit à la sépia, soit à l'aquarelle. Son hiver à Paris fut moins agréable qu'elle ne s'y attendait; elle espérait aller dans le monde, et sa mère l'avait déjà menée à un bal où Giselle fit sensation à cause de sa beauté. Mais Mme de Monclair, que Léontine s'était gardée de consulter, ayant appris que Giselle avait été en vue à un grand bal, qu'elle y avait fait beaucoup d'effet, s'effraya de cette imprudence de Léontine; elle courut chez sa nièce, escortée par son fidèle ami Tocambel.

MADAME DE MONCLAIR.

Qu'est-ce que j'apprends, Léontine? Tu as mené Giselle au grand bal de l'ambassade d'Autriche, avant-hier?

— Oui, ma tante, répondit Léontine embarrassée; elle m'en a tant priée; la pauvre petite n'avait jamais vu de grand bal....

MADAME DE MONCLAIR.

Je crois bien, à quinze ans! Dis donc, Giselle, tu veux déjà vieillir, enlaidir?

GISELLE.

Pas du tout, ma tante! Mais je ne suis ni vieillie, ni enlaidie depuis mon bal. Je m'y suis beaucoup amusée; tout le monde me regardait; j'ai dansé tout le temps, je me suis couchée à quatre heures du matin, j'ai dormi jusqu'à midi et je me porte très bien.

MADAME DE MONCLAIR.

Eh bien! ma fille, si tu recommences souvent cette folie, tu seras fanée et ridée à dix-huit ans. Ce sera bien agréable! Où as-tu jamais vu une enfant de quinze ans aller au bal et se coucher à quatre heures du matin? Demande à ton ami Tocambel ce qu'il en pense.

GISELLE.

Je sais que M. Tocambel blâme tout ce que je fais.

M. TOCAMBEL.

Je ne blâme que ce qui n'est pas sage, Giselle; il est vrai que vous faites et dites souvent des folies. Ce n'est pas ma faute si je ne puis vous donner raison quand vous avez tort.

LÉONTINE.

Je vous assure, mon ami, que Giselle est plus raisonnable que vous ne le pensez. Un bal par hasard n'est pas une habitude.

M. TOCAMBEL.

Pas encore; mais le premier en entraîne un second, et ainsi de suite. »

Giselle n'était pas contente; elle fronçait le sourcil et ne disait rien. Mme de Monclair et M. Tocambel finirent par obtenir de Léontine la promesse de ne plus mener Giselle à de grands bals.

Quand ils furent partis, Giselle se leva avec colère, lança par terre un livre qu'elle tenait à la main, et reprocha aigrement à sa mère sa faiblesse.

LÉONTINE.

Ce n'est pas aujourd'hui que j'ai été faible, ma Giselle bien-aimée; c'est le jour où j'ai consenti à te mener au bal. »

La discussion fut vive et longue; enfin, Giselle se calma par la promesse que lui fit sa mère qu'elle irait au manège trois fois par semaine, et qu'elle aurait un joli cheval de selle à la campagne.

C'est au milieu des discussions, des emportements et des exigences de Giselle que se passèrent les deux années suivantes. Léontine et M. de Gerville vivaient dans la crainte continuelle de mécontenter leur fille; ils passaient leur temps à lutter contre ses volontés les plus déraisonnables.

Enfin, un jour elle déclara à sa mère qu'elle voulait se marier.

« J'ai dix-sept ans et demi; je m'ennuie à la maison; je suis fatiguée d'être contrariée du matin au soir et de devoir toujours obéir. Je veux commander à mon tour.

LÉONTINE.

Et tu crois, ma pauvre enfant, qu'en te mariant, tu pourras commander, que tu seras dispensée d'obéir ?

GISELLE.

Certainement. J'épouserai un homme qui me laissera libre de toutes mes actions.

LÉONTINE.

Où est-il, cet homme modèle qui n'aura jamais d'autre volonté que la tienne ?

GISELLE.

Il ne sera pas difficile à trouver ; j'épouserai M. Julien.

LÉONTINE.

Il vient nous voir de moins en moins depuis un an. Je crains que tu ne te fasses des illusions sur lui.

GISELLE.

Je suis sûre que non ; il est tout juste le mari qu'il me faut.

LÉONTINE.

Il est certainement excellent et très raisonnable; mais je crains qu'il ne redoute ton caractère trop vif et ton grand désir de t'amuser.

GISELLE.

Faites-lui parler par ma tante Blanche; vous le verrez accourir bien vite.

LÉONTINE.

Je ne demande pas mieux; ce serait certainement le meilleur choix que tu pourrais faire. Je vais faire savoir à Blanche que je désire lui parler. »

Blanche, demandée par sa sœur, ne tarda pas à arriver. Léontine était seule; elle dit à sa sœur le désir que manifestait Giselle de devenir la femme de Julien.

LÉONTINE.

Crois-tu, Blanche, que Julien y songe, de son côté?

BLANCHE.

Je ne sais pas. Il était grand admirateur de Giselle il y a un an encore; mais, cet hiver, il n'en a plus parlé. Il l'a rencontrée bien des fois dans le monde, et il l'a beaucoup vue dans notre intimité à tous; il m'a dit plusieurs fois qu'il trouvait le caractère de Giselle bien difficile. Il a été témoin de quelques scènes avec toi; il craint qu'elle n'aime le monde et le plaisir avec déraison. Enfin, je ne sais pas du tout ce qu'il en pense maintenant. Je lui en parlerai dès ce soir, si tu veux, comme une idée qui me serait venue en apprenant que vous désiriez marier Giselle avant de retourner à la campagne. S'il veut l'épouser, il me le dira tout de suite, d'autant qu'il sait que Giselle, jolie comme elle l'est, très riche, spirituelle, etc., ne tardera pas à faire un bon mariage.

LÉONTINE.

J'ai déjà reçu ce matin une demande du duc de Palma. Je n'en ai encore rien dit; car cet homme, quoique duc, fort riche et d'un extérieur remarquable, passe pour avoir très peu d'esprit et pour mener une vie très dissipée. Ce serait fatal pour Giselle.

BLANCHE.

Tu as bien raison. Ce serait tout l'opposé de Julien, qui est si raisonnable, si bon chrétien, et si agréable à vivre. Ne parle pas de ce duc avant que l'affaire de Julien soit décidée. Si quelqu'un a de l'empire sur Giselle et peut la faire vivre sagement, c'est Julien. »

Le lendemain, Blanche arriva chez sa sœur.

LÉONTINE.

Hé bien! Blanche? l'as-tu vu? le veut-il?

BLANCHE.

Il le désirerait très vivement, mais il craint le

caractère de Giselle, qu'il aime malgré tout. Il te demande l'autorisation de la voir souvent pendant une quinzaine, au bout de laquelle, s'il croit pouvoir faire le bonheur de Giselle en même temps qu'il ferait le sien, il la demandera à elle-même, et puis à toi pour la forme, étant déjà convenu de tout avec toi.
LÉONTINE.

Très bien. Dis-lui qu'il vienne le plus tôt possible, à cause du duc, qui la demande avec instance.
BLANCHE.

Pourra-t-il venir souvent?
LÉONTINE.

Tous les jours, s'il le veut; tantôt chez moi, tantôt chez toi ou chez Noémi; nous nous arrangerons pour cela. »

Une heure après, Julien était chez Mme de Gerville. Giselle était sortie avec son père pour aller au manège. Léontine causa longuement et affectueusement avec Julien.

« Croyez bien, très chère Madame, que si je ne vous fais pas d'ici à dix jours la demande officielle de la charmante Giselle, c'est que j'aurai acquis la triste certitude d'être insuffisant à son bonheur.
LÉONTINE.

Restez à dîner avec nous, mon cher Julien;

mais je crains que vous ne vous ennuyiez tout seul, car j'ai à sortir pendant l'heure qui reste d'ici au dîner.

JULIEN.

Si vous le permettez, je resterai ici à vous attendre en lisant. Une heure est bien vite passée, et je ne manque pas de sujets de réflexion.

LÉONTINE.

Faites comme vous voudrez, mon ami; ce que vous ferez sera toujours bien fait. »

Léontine sortit. Julien ne resta pas longtemps seul. Cinq minutes après, Giselle rentra en costume de cheval; elle était éblouissante de fraîcheur et de beauté.

GISELLE.

Bonjour, Monsieur Julien; je suis bien contente de vous voir; vous avez été plusieurs jours sans venir.

JULIEN.

C'est que j'ai eu beaucoup à travailler, Mademoiselle; je viens dîner avec vous, si vous voulez bien le permettre.

GISELLE.

Avec le plus grand plaisir; je vais m'habiller et je reviens dans cinq minutes.

« Quelle charmante personne! se dit Julien. Quel dommage qu'elle ait été si mal élevée! Je crains que l'habitude du plaisir et de la domination n'ait gâté à tout jamais son cœur, son esprit et son caractère. »

Giselle tint parole; quelques instants après, elle était revenue près de Julien. Après quelques lieux communs, Julien lui demanda si elle s'était bien amusée depuis qu'il ne l'avait vue.

GISELLE.

Beaucoup. J'ai été aux Italiens, à l'Opéra, j'ai dansé, j'ai monté à cheval.

JULIEN.

Vous vous amusez donc du matin au soir; vous vivez dans un tourbillon de plaisir.

GISELLE.

Il faut bien que je me dépêche. On voudrait me marier ce printemps.

JULIEN.

Ah! déjà! Et comment ferez-vous pour vivre sagement quand vous serez mariée?

GISELLE.

Je vivrai comme à présent; mon mari me mènera dans le monde et partout.

JULIEN.

Et s'il n'aime pas le monde?

GISELLE.

Il faudra bien qu'il l'aime, puisque je le lui demanderai.

Giselle rentra en costume de cheval. (Page 341.)

JULIEN.

Mais un mari peut ne pas être aussi docile à suivre vos volontés que l'ont été vos parents.

GISELLE.

Oh! je n'en suis pas inquiète; nous nous arrangerons.

JULIEN.

D'ailleurs, on n'est pas toujours à Paris, on se repose à la campagne.

GISELLE.

C'est vrai! J'aime beaucoup la campagne quand il y a du monde; on s'amuse autant qu'à Paris.

JULIEN.

Moi, je veux dire la campagne sans monde.

GISELLE.

Comment! en tête-à-tête avec son mari?

JULIEN.

Mais oui; c'est ce que j'appelle du repos.

GISELLE.

Comment savez-vous si c'est amusant, puisque vous n'y allez jamais?

JULIEN.

Parce que je suis seul, et que c'est triste de vivre seul; mais quand j'aurai près de moi une femme que j'aimerai et qui m'aimera, la vie que je préférerai et que je mènerai sept ou huit mois de l'année sera la vie tranquille de la campagne. »

Giselle le regarda avec surprise.

GISELLE.

Mais vous mourrez d'ennui, et votre femme aussi. Jamais vous ne trouverez une femme qui voudra s'enterrer à la campagne pendant huit mois.

JULIEN.

Peut-être que si.

GISELLE.

Je sais bien que vous ne le ferez pas; si je vous croyais, j'en serais effrayée.

JULIEN.

Comment effrayée? En quoi mes goûts peuvent-ils vous effrayer?

GISELLE.

Oh! vous savez bien que je comprends parfaitement pourquoi vous dites tout cela. Ma tante Blanche vous a conseillé de me demander à maman parce qu'on veut me marier et qu'elle sait que je ne dirai pas non; et vous voulez à présent voir ce que je dirai quand vous me menacez de me faire passer huit mois dans une terre assommante, en y vivant comme des sauvages.

JULIEN.

Vous avez à peu près deviné, Giselle, et je suis très touché de la franchise avec laquelle vous m'annoncez votre consentement au projet de votre tante. Mais, pour être heureux en ménage, il faut que les goûts s'accordent; il faut que les caractères s'assouplissent; il faut le calme d'une affection dévouée, des deux côtés. C'est ce que vous trouverez en moi, Giselle; mais vous, pensez-vous pouvoir arriver à cette affection qui engendre la douceur, la complaisance, le dévouement enfin?

GISELLE.

L'affection, oui, Julien; mais je ne veux pas m'enterrer à la campagne pour vivre en ours.

JULIEN.

Ce n'est pas non plus ce que je vous demanderais; j'aime la société et j'en aurais, tant au dehors qu'au dedans; mais je n'aime pas ce qu'on appelle le monde, le grand monde, les plaisirs ruineux du monde; vous savez ce que je veux dire?

GISELLE.

Oui, oui, je le sais très bien, et ce qui m'ennuie, c'est que j'aime tout cela, moi; mais écoutez, Julien, ne me pressez pas trop; causons souvent bien franchement; peut-être finirons-nous par nous accorder sur ce qui vous semble si discordant maintenant; peut-être mon affection pour vous deviendra-t-elle plus vive, assez vive pour changer mes goûts et même mes idées. Je sais que je suis très incomplète. On m'a tant gâtée! On m'a tant habituée à dominer tout et tous! Vous, qui êtes si raisonnable et si bon, vous pourrez peut-être me transformer.

— Dieu le veuille! Giselle, dit Julien en lui baisant la main. Vous seriez si charmante si vous vouliez!

GISELLE.

Je verrai, j'essayerai. Venez tous les jours causer avec moi; vous me ferez plaisir. Je vous quitte pour aller voir papa; il m'a dit qu'il voulait me parler; je l'avais oublié. C'est votre faute », ajouta-t-elle en riant; et elle courut chez son père.

« Quelle charmante enfant on a gâtée à plaisir! dit Julien avec tristesse. Je ne me fais pas d'illusion; je crains que le mal ne soit trop enraciné pour qu'elle puisse le détruire; elle pourra s'améliorer, mais devenir la femme que je veux, la femme qu'il me faut, jamais! je le crains beaucoup, jamais! »

XXIV

GISELLE FAIT SON CHOIX

Pendant que Julien restait pensif et attristé, Giselle racontait gaiement à son père ce qui venait de se passer entre elle et Julien.

« C'est très heureux, papa, parce que je veux me marier, que M. Julien est un très beau parti et qu'il me plaît beaucoup.

M. DE GERVILLE.

Tu en aurais un bien plus beau, si tu voulais; c'est précisément ce que je voulais te dire, moi.

GISELLE.

Un plus beau? Qui donc? Comment le savez-vous?

M. DE GERVILLE.

Je crois bien, qu'il est plus beau! C'est le duc

de Palma, qui a la tête tournée de toi et qui te demande en mariage.

GISELLE.

Le duc de Palma que je rencontre partout? Il est un peu vieux, ce me semble, et puis un peu bête.

M. DE GERVILLE.

Il n'est pas vieux; il a à peine quarante ans! à peu près mon âge. Il n'a pas un esprit extraordinaire, mais il n'est pas trop bête.

GISELLE, *riant*.

Pas trop, mais assez pour être mené par le bout du nez. Cela, par exemple, me conviendrait beaucoup. Il est encore très bien le duc de Palma.

M. DE GERVILLE.

Certainement; il est très bel homme.

GISELLE.

Il a des équipages magnifiques.

M. DE GERVILLE.

Je crois bien; il a plus de cinq cent mille francs de revenu.

GISELLE.

Avec tout cela, papa, j'aimerais mieux Julien.

M. DE GERVILLE.

Pourquoi cela? Il te fait toujours la leçon.

GISELLE.

C'est précisément ce qui fait que je l'aime mieux que d'autres. J'ai confiance en lui.

« Il a des équipages magnifiques. »

M. DE GERVILLE.

Je te laisse absolument libre de choisir celui que tu voudras, mon cher ange. Ne te presse pas, et ne te décide qu'après avoir pris le temps de réfléchir.

GISELLE.

Je suis fâchée que vous m'ayez parlé de ce duc de Palma. J'aurais épousé Julien avec grand plaisir, et je crois qu'il serait parvenu à me rendre raisonnable.

M. DE GERVILLE.

Tu n'as pas besoin de Julien pour être raisonnable, mon cher ange.

GISELLE.

Je sais bien ce que je dis; vous ne pouvez pas me juger; mais moi je me juge très bien quand je suis dans mes moments sérieux.

M. DE GERVILLE.

Que veux-tu que je réponde au duc?

GISELLE, *riant*.

Dites-lui qu'il attende.

M. DE GERVILLE.

Mais ce n'est pas une réponse.

GISELLE, *sèchement*.

C'est la mienne; je n'en fais pas d'autre. »

Giselle rentra au salon d'un air triomphant.

« Ha, ha, ha! Savez-vous ce que papa vient de me dire? Le duc de Palma qui demande mon cœur et ma main!

JULIEN, *souriant*.

Et qu'avez-vous répondu?

GISELLE, *riant*.

Rien du tout; il peut bien attendre,... pas longtemps par exemple, car il n'en a pas assez à vivre pour en perdre beaucoup.

JULIEN, *avec inquiétude*.

Vous ne pouvez pas devenir la femme de cet homme-là.

GISELLE.

Pourquoi cela?

JULIEN.

Parce qu'il est trop vieux pour vous.

GISELLE.

Oui, mais il est duc.

JULIEN.

C'est un mauvais sujet.

GISELLE, *riant*.

Mais il a cinq cent mille livres de rente; et je le corrigerais d'ailleurs; je le mènerais à la baguette.

JULIEN.

Giselle, ne plaisantez pas sur un sujet aussi sérieux que le mariage.

GISELLE.

Je ne plaisante pas sur le mariage, mais sur le mari qu'on me propose.

JULIEN.

J'aime mieux cela, mais....

GISELLE, *souriant*.

Mais vous êtes un peu jaloux; vous avez un peu peur.

JULIEN.

Pas du tout. Je vous estime trop pour supposer un instant que vous accepteriez un mari pareil. D'ailleurs vos parents n'y consentiraient jamais.

GISELLE.

Ah bah! si je le voulais, ils le voudraient aussi. Mais soyez tranquille; je ne le voudrais pas. Je le crois du moins. »

Avant que Julien eût pu lui répondre, elle courut à sa mère qui entrait.

GISELLE.

Maman, savez-vous une chose très drôle?

LÉONTINE.

Quoi donc, chère petite?

GISELLE.

Le duc de Palma qui me demande en mariage.

LÉONTINE, *étonnée*.

Qui est-ce qui te l'a dit? Ce n'est pas Julien, ajouta-t-elle en souriant.

GISELLE.

Oh! il n'y a pas de danger que Julien me dise de ces choses. Il ne parle que pour lui. C'est papa qui vient de me l'apprendre. »

Léontine ne répondit pas, mais elle parut fort contrariée; elle regarda Julien, elle lui trouva l'air triste et inquiet.

Giselle plaisanta sur les années du duc, sur ses cheveux un peu grisonnants; mais elle ne continua pas, car elle s'aperçut que sa gaieté n'était pas partagée.

Pendant quelques jours, Julien continua à venir fort assidûment, soit chez Mme de Gerville, soit dans la famille, passer une partie de ses après-midi et toutes ses soirées avec Giselle; tantôt elle semblait toute changée et disposée à accepter le genre de vie que lui offrait Julien, tantôt elle le persiflait, assurait que jamais elle ne se ferait à ses idées et à ses goûts, et lui conseillait de renoncer au mariage.

Le duc de Palma consentit à attendre à condition qu'il verrait souvent Giselle. Les faibles parents y consentirent sur les supplications instantes de Giselle et après une scène déplorable à laquelle assistèrent Mme de Monclair et M. Tocambel. On permit au duc de multiplier ses visites; il venait donc plus souvent que jamais chez M. et Mme de Gerville, il s'occupait exclusivement de Giselle, lui parlait de ses terres, de ses bijoux, de la vie animée qu'il comptait faire mener à sa femme :

« Si je me marie, disait-il, ma femme n'aura rien à désirer, car elle aura tout ce qu'une femme peut posséder; ses volontés seront les miennes; je réglerai ma vie sur ses goûts; elle sera la maîtresse souveraine de ma demeure, et je ne serai que son esclave dévoué. »

Cette perspective séduisait Giselle; elle comparait la galanterie empressée du duc avec la sage réserve de Julien; sa vanité plaidait pour le duc, sa raison et son cœur parlaient pour Julien; mais, à la longue, la vanité l'emporta sur le peu de cœur qu'avait conservé Giselle, et un jour que le duc lui avait parlé ouvertement et qu'il l'avait pressée très vivement de se décider, elle lui fit entendre que sa décision était déjà prise en sa faveur.

La joie du duc fut aussi insensée que sa passion; il obtint l'autorisation de faire sa demande en forme, il lui passa au doigt une bague avec un rubis magnifique entouré de diamants; et quand Julien vint faire le lendemain à Giselle une visite inaccoutumée à une heure matinale, elle lui dit avec embarras :

« Julien, j'ai quelque chose à vous dire.

JULIEN.

Et moi aussi, ma chère Giselle; je venais vous faire mes adieux.

GISELLE.

Vous partez?

JULIEN.

Oui, je vous fuis : vous ne pouvez pas être ma femme; je vous rendrais malheureuse, et je serais moi-même bien malheureux.

GISELLE.

Je vous regrette, Julien; croyez-moi, je vous regrette et je vous aime, mais... j'ai promis ma main au duc de Palma.

JULIEN.

Giselle, malheureuse enfant, qu'avez-vous fait? Vous ne l'aimez pas, vous ne l'aimerez jamais; il est temps encore, refusez.

GISELLE.

Il est trop tard, j'ai promis; j'ai bien vu que je ne vous convenais pas. Je crois que je ne serai pas malheureuse. Voyez la magnifique bague qu'il m'a donnée; voyez quel rubis admirable! »

Julien ne regarda pas le rubis; il regarda tristement Giselle, prit son chapeau et sortit en disant :

« Pauvre enfant! adieu pour toujours! »

Giselle resta stupéfaite. « Il est parti pour toujours », dit-elle; et elle pleura.

XXV

GISELLE PLEURE, MAIS ELLE EST DUCHESSE ET MILLIONNAIRE

Giselle pleura longtemps ; elle regrettait Julien, elle regrettait de s'être engagée avec le duc, qu'elle n'aimait pas. Mais, le premier moment passé, elle chercha à s'étourdir sur l'avenir qu'elle s'était préparé, en songeant aux bijoux que lui donnerait son mari, à la vie heureuse qu'il lui ferait mener, au luxe dont elle serait entourée, à l'admiration dont elle serait l'objet. Elle compara cette existence à celle que lui aurait fait mener Julien, et dont elle exagéra à plaisir la monotonie et les privations.

« Décidément, dit-elle, je serai bien plus heureuse avec le duc; il n'osera me rien refuser, et je serai enfin maîtresse de mes actions. »

Giselle se leva et alla se regarder dans la glace.

« Mon Dieu, dit-elle, quelle figure je me suis faite en pleurant! j'ai les yeux rouges et bouffis; si le duc me voit ainsi, que pensera-t-il? Ce n'est pas aimable pour lui; il croira que je regrette de m'être engagée. Il va venir, bien sûr. Je vais aller me bassiner les yeux et tâcher de prendre un air riant. Pauvre Julien! je l'aimais pourtant; mais pas assez pour être l'esclave de ses volontés. Quel dommage qu'il ait des idées si absurdes, qu'il ne soit pas duc, et qu'il n'ait pas cinq cent mille livres de rente comme ce duc que je n'aime pas!... Il va me faire de beaux présents probablement, le duc. Je lui demanderai des rubis; j'aime beaucoup les rubis. Et les opales! comme c'est beau, entouré de diamants! »

Giselle alla préparer son visage pour recevoir convenablement l'élu de sa vanité et non de son cœur. Avant de rentrer au salon, elle alla chez sa mère.

« Maman, savez-vous que Julien est parti?
LÉONTINE.

Oui, mon enfant; il m'avait dit hier qu'il viendrait ce matin de bonne heure pour te faire ses adieux. Pauvre Julien! il pleurait en me faisant les siens.

GISELLE.

C'est bien sa faute! Moi aussi j'ai pleuré. Avez-vous vu le duc?

LÉONTINE.

Je ne l'ai pas vu; mais il nous a écrit à ton père et à moi pour demander ta main; il ajoute que c'est avec ton consentement qu'il fait cette démarche décisive.

GISELLE.

C'est vrai, maman; je suis décidée à l'épouser, puisque vous m'avez permis de choisir. J'aurais bien mieux aimé Julien, mais il est trop exigeant, trop sévère.

LÉONTINE.

C'est-à-dire trop raisonnable pour toi, ma pauvre enfant. Au reste, ton père a pris beaucoup d'informations sur le duc; il paraît qu'il mène une vie très rangée depuis qu'il t'aime, c'est-à-dire depuis près d'un an; on le dit très généreux et bon pour ses domestiques; il donne beaucoup aux pauvres; il a un caractère excellent. Enfin, il y a tout lieu d'espérer que tu seras heureuse.

GISELLE.

Voyez, maman, quelle bague il m'a donnée hier.

LÉONTINE.

Déjà? Tu n'aurais pas dû la recevoir.

GISELLE

C'était impossible, maman. Il m'a dit que c'était en mémoire de ma promesse; que je devais porter cette bague en signe d'esclavage, non du mien, mais du sien, car ce serait lui qui serait mon esclave; et il s'est mis à genoux devant moi, et il m'a baisé les mains. Je ne pouvais plus les lui arracher. Lui avez-vous répondu?

LÉONTINE.

Il a écrit qu'il viendrait lui-même chercher la réponse avant déjeuner; je l'attends à chaque minute.

GISELLE.

Faut-il que je reste?

LÉONTINE.

Je n'y vois pas d'inconvénient, puisqu'il s'est déjà expliqué avec toi.

GISELLE.

Et que dit papa?

LÉONTINE.

Il a l'air content; tu sais qu'il n'aimait pas beaucoup le pauvre Julien, parce qu'il te contrariait.

GISELLE.

Oh! maman, le duc va venir; ne me parlez

« Il s'est mis à genoux devant moi. »

pas de Julien; son souvenir me donne envie de pleurer.

— Monsieur le duc de Palma », annonça le valet de chambre.

Le duc entra au moment où Giselle essuyait furtivement ses yeux remplis de larmes. Il le vit et s'en effraya.

« Giselle pleure, s'écria-t-il : ses vœux et les miens seraient-ils repoussés?

— Rassurez-vous, mon cher duc, dit Léontine en se levant et lui tendant la main; nous vous donnons Giselle avec plaisir; mais une jeune personne ne prend pas une décision aussi grave sans donner quelques larmes à ses parents. Elle suit actuellement l'avis que donnait Victor Hugo à sa fille au moment de son mariage :

« Sors avec une larme, entre avec un sou-
« rire. »

— Merci, mille fois et éternellement merci, chère, très chère Madame, répondit le duc en lui baisant la main. Giselle, continua-t-il, essuyez ces larmes, bien naturelles sans doute, mais qui me causent une vraie souffrance, puisque c'est moi qui les fais couler. Je vous jure qu'une fois ma femme, vous n'en verserez jamais par ma faute. »

Giselle voulut parler, mais elle ne put articuler

une parole; elle répondit par une légère pression de la main que tenait le duc dans les siennes. Il déclara qu'il ne quitterait plus sa Giselle bien-aimée, et que du matin au soir il serait à ses ordres.

Après le déjeuner, qui fut tragi-comique au milieu du sérieux un peu triste de M. et de Mme de Gerville, du mélange de larmes et de sourires de Giselle et des extases admiratives du duc, ce dernier, suivant Giselle pas à pas, s'établit près d'elle et lui demanda si elle aimait les bracelets.

« Beaucoup, dit Giselle, mais je n'en ai jamais porté.

LE DUC.

Votre bras est pourtant fait pour porter tout ce qu'il y a de plus beau. Permettez-moi de vous en essayer un qui est fait sur la mesure du poignet de la Vénus de Médicis. »

Giselle sourit pendant que le duc tirait de sa poche un écrin en velours bleu et or; il l'ouvrit et présenta aux yeux ravis de Giselle un bracelet de toute beauté, en diamants et rubis. Il le prit et l'attacha au bras de Giselle; il allait parfaitement; l'enchantement de Giselle, ses exclamations de joie récompensèrent largement le duc de son généreux présent. A partir de ce moment, Giselle se sentit toute consolée et ne songea plus à Julien ni aux quarante ans du duc. Chaque jour c'étaient de nouveaux cadeaux plus riches les uns que les autres ; il en faisait non seulement à Giselle, mais à toute sa famille et à ses jeunes amies, et y mettait une telle bonne grâce que Giselle commença à le trouver charmant, qu'elle attendait ses visites avec impatience et qu'il put se croire aimé.

Toute la famille, y compris Mme de Monclair, partagea la bonne impression qu'il avait produite ; les domestiques l'adoraient ; il leur donnait des pièces d'or avec une profusion qui leur faisait chanter ses louanges. Giselle se trouvait entourée de personnes qui la félicitaient sur son choix.

Le duc pressait beaucoup le mariage, et, à son grand ravissement, Giselle l'appuyait dans ses demandes, si bien qu'un mois après les derniers adieux de Julien, Giselle était duchesse de Palma.

Les premiers temps furent un enchantement continuel. Les parents de Giselle la voyaient peu ; ils vivaient tristement dans l'isolement et dans la crainte, car ils connaissaient trop bien Giselle pour ne pas prévoir que ses exigences finiraient par lasser la patience du duc. En effet, une première scène éclata, un jour que le duc souffrait d'un rhumatisme au bras et lui demandait de passer une soirée à la maison pour lui donner un peu de repos.

« Impossible, mon ami ; il faut absolument que vous me meniez au petit bal de la cour. J'ai une toilette ravissante et des invitations pour tout le temps du bal, y compris le cotillon ; et puis j'ai promis de souper à la table des duchesses et princesses ; je ne peux pas manquer cette soirée, c'est impossible.

LE DUC.

Mais, Giselle, je t'assure que je ne suis pas en état d'y aller. Je ne peux seulement pas lever le bras pour passer mon habit.

GISELLE.

Alors, il faudra que j'y aille seule ; je ne peux pas manquer un petit bal de la cour.

LE DUC.

Tu me laisseras donc tout seul, Giselle ? Moi, je sacrifierais tous les bals et les plaisirs du monde pour ne pas te quitter, pour te tenir compagnie.

GISELLE.

Vous, je crois bien, vous avez dansé, vous vous êtes amusé pendant vingt ans ; et moi je commence, il n'y a que six mois que je suis mariée.

LE DUC.

Mais, Giselle, ma bien-aimée Giselle, tu es bien jeune pour aller seule dans le monde. Écris un mot, mon amie, pour t'excuser. Je t'en prie, je t'en supplie.

GISELLE.

Non, ce serait considéré comme une défaite ; tous ces messieurs diront que vous êtes jaloux.

LE DUC.

Et quand ils le diraient, mon amie, ils ne seraient pas tout à fait dans le faux. »

La discussion continua quelques instants encore ; malgré les sollicitations les plus pressantes et les plus humbles, Giselle maintint sa volonté ; elle se coiffa, s'habilla et partit, croyant avoir beaucoup fait en s'étant laissé admirer pendant une demi-heure par son mari. Il resta seul et ne se coucha ni ne dormit jusqu'au retour de Giselle ; elle s'était beaucoup amusée ; il la reçut sans humeur et même avec tendresse ; elle l'en récompensa en lui racontant tous les plaisirs et les distinctions dont elle avait été l'objet ; elle l'embrassa, le cajola, l'assura qu'elle ne recommencerait pas ; que c'était à cause de la cour qu'elle avait cru devoir aller à ce bal. Elle fit si bien que le duc fut enchanté de sa femme, et qu'il l'aima et lui obéit plus que jamais.

Des scènes pareilles et bien plus vives se renouvelèrent souvent et finirent par amener du refroidissement. Deux ans après son mariage, Giselle sortait seule pendant que son mari cherchait des distractions de son côté; tous deux faisaient des dépenses folles qui mirent du désordre dans l'immense fortune du duc. Il n'en tint aucun compte, il joua pour s'étourdir et pour regagner au jeu ce que lui et sa femme avaient dissipé; les choses en vinrent au point que le duc se trouva ruiné; il abandonna Giselle qu'il n'aimait plus; elle fut recueillie par ses parents, dont la vie s'écoulait dans les larmes et la désolation.

XXVI

GISELLE EST RUINÉE, MALHEUREUSE ET REPENTANTE

Dix ans après son mariage, Giselle était un soir tristement assise dans le salon de sa mère; chassée par son mari qui lui reprochait sa ruine, abandonnée du monde qui avait blâmé ses prodigalités et toute sa conduite, repoussée par tous, ruinée, souffrante, elle avait trouvé un asile chez ses parents; ses malheurs avaient amené un changement total dans son caractère. La raison avait enfin repris le dessus; son cœur s'était ouvert à la tendresse filiale; son repentir était sincère; elle songeait avec horreur à tous les chagrins qu'elle avait donnés à ses parents et à son mari.

Ce soir-là Giselle était seule ; elle pleurait. Elle était en grand deuil de son mari, mort récemment à la suite d'une chute de cheval ; il avait consenti à la revoir à son lit de mort, et lui avait pardonné de bon cœur. Il avait expiré dans les bras de son confesseur et sa main dans celle de sa femme.

Cette fin si malheureuse avait profondément impressionné Giselle et avait consolidé son retour à des sentiments chrétiens, qui avaient été totalement perdus dans le tourbillon du monde et de ses plaisirs.

Elle était donc seule et pleurait.

La porte s'ouvrit. Un homme entra précipitamment, croyant entrer chez Léontine. Giselle leva sur lui ses yeux baignés de larmes, poussa un cri et s'élança vers cet homme dont elle serra les mains avec force.

« Julien, mon cher Julien ! c'est le bon Dieu qui vous envoie ; vous que j'ai tant regretté, tant offensé ! Oh ! Julien, que je suis malheureuse ! Que de fois j'ai pensé à vous, au bien que vous m'auriez fait ! Quelle vie j'ai menée ! Que de douleurs j'ai causé ! Ah ! je vois clair maintenant dans ma conscience. J'ai causé le malheur de tous ceux qui m'ont aimée. J'ai causé en partie la ruine et la mort de mon mari. Ah ! Julien, pardonnez à la malheureuse Giselle, ne me repoussez pas! Aidez à mon repentir. »

Giselle s'affaissa sur elle-même; elle avait presque perdu connaissance. Julien, épouvanté, la releva, la plaça dans un fauteuil, saisit un verre d'eau qui se trouvait sur la table et bassina le front et les tempes de Giselle. Elle ouvrit les yeux, le regarda avec reconnaissance.

JULIEN.

Giselle, d'après quelques paroles que vous venez de dire, j'apprends un événement que j'ignorais, la mort de votre mari. Je savais votre ruine avant mon départ; mais j'ai fait un long voyage, et mon premier soin à mon retour a été de venir voir votre pauvre mère que j'avais laissée bien malheureuse. Je vois avec bonheur que vous reconnaissez vos torts passés, et que vous êtes disposée à les réparer, ceux du moins qui sont encore réparables vis-à-vis de vos parents. Je vous remercie de la joie que vous a causé ma présence; vous avez raison de compter sur ma vieille affection; elle ne vous fera jamais défaut.... Mais comme vous êtes changée, ma pauvre Giselle! Votre embonpoint, vos belles couleurs ont disparu. Je vous avais laissée dans tout l'éclat de la jeunesse et de la beauté; je ne vous ai pas revue depuis le jour où je vous ai fait mes adieux, ici, dans ce même salon où je vous retrouve vêtue de deuil et versant des pleurs. Pauvre Giselle! vous avez donc bien souffert?

GISELLE.

J'ai eu un temps d'enivrement; je me croyais heureuse. Après vous avoir pleuré quelques instants, je n'ai plus songé à vous, votre souvenir ne m'est revenu que dans le malheur. J'ai subi le joug d'une tendresse passionnée que je ne partageais pas; j'en ai abusé au point de la détruire complètement. J'ai eu mille peines, mille soucis; j'ai ruiné mon mari; je l'ai précipité dans une vie désordonnée qui a causé sa mort. J'ai abandonné mes parents toujours trop bons pour moi. Et quand j'ai fait un retour sur moi-même, il était trop tard; le bonheur ne devait plus être mon partage. J'ai vingt-sept ans, et la vie est déjà finie pour moi! En vous retrouvant toutefois, je me sens un peu consolée. Il me semble que c'est un secours que m'a envoyé le bon Dieu pour revenir entièrement à lui. Et vous, Julien, qu'êtes-vous devenu pendant mes dix années de coupables folies et de malheur? je n'ai jamais osé parler de vous. Êtes-vous marié? Avez-vous des enfants?

JULIEN.

Non, Giselle; j'ai longtemps vécu seul chez

« Mon cher Julien c'est le bon Dieu qui vous envoie. » (Page 374.)

moi à la campagne; je m'y suis occupé utilement et j'y ai fait du bien. Je suis peu venu à Paris; j'avais peur de vous y rencontrer, et certes je ne m'attendais pas aujourd'hui à vous rencontrer veuve et repentante.

GISELLE.

Oui, Julien; bien repentante, bien changée; mon passé me fait horreur.

JULIEN.

Réparez le passé par l'avenir, ma chère Giselle. Soyez pour vos parents la consolation et l'orgueil de leurs vieux jours; tout vous sera pardonné. »

Mme de Gerville rentra et fut aussi étonnée que l'avait été Giselle de retrouver Julien, qu'elle croyait encore en Orient. Elle le mit au courant des nouvelles de la famille. L'aimable et excellente Mme de Monclair était morte depuis deux ans, peu de temps après le départ de Julien pour l'Orient. Le vieil ami Tocambel, accablé de chagrin depuis la mort de cette charmante amie, était paralysé et tombé en enfance. Pierre et Noémi vivaient toujours dans une heureuse union. Georges venait de sortir de Saint-Cyr, Isabelle avait vingt ans et faisait ainsi que Georges le bonheur de ses parents. Blanche avait trois enfants; Laurence en avait quatre.

« Giselle est avec nous depuis trois ans, ajouta

Mme de Gerville; elle a perdu son mari il y a dix mois, elle a été bien malade depuis; vous trouverez en elle un changement complet; elle nous tient compagnie et nous soigne avec un dévouement et une égalité d'humeur qui nous récompensent grandement de tout ce que nous avons souffert. Le monde n'a plus pour elle aucun attrait; elle vit en famille sans désirer en sortir. Voilà ce que vous retrouvez après une absence de cinq ans, mon ami. Le calme partout.

GISELLE.

Excepté dans mon cœur, chère maman. Je ne pourrai jamais me pardonner tout le mal que j'ai fait.

LÉONTINE.

Le bonheur que tu donnes maintenant, ma Giselle, doit faire oublier tout ce que tu te reproches si amèrement....

GISELLE.

Et si justement, maman. »

Julien ne se lassait pas de questionner Léontine et Giselle sur tous les événements dont il ignorait les détails; il vint très assidûment partager les causeries de famille, et il vit avec satisfaction au bout de deux ans revenir la paix dans le cœur de Giselle; elle reprenait, avec la santé, l'embonpoint et les couleurs qu'elle avait perdus;

ses entretiens avec Julien la rendaient plus calme et moins triste. Il lui témoignait la même affection qui l'avait touchée jadis; et celle qu'elle éprouvait pour lui était bien plus dévouée, plus vive, plus absolue.

« Hélas! se dit-elle un jour, si je l'avais aimé ainsi quand j'avais dix-sept ans, je n'aurais jamais été duchesse de Palma. J'ai manqué mon bonheur par ma faute; j'en ai été et je suis encore bien cruellement punie.

JULIEN.

A quoi pensez-vous si tristement depuis quelque temps déjà, Giselle? »

Giselle ne l'avait pas entendu entrer, elle tressaillit.

GISELLE.

Je songeais au triste passé, Julien.

JULIEN.

Encore! Toujours ce passé qui vous revient. Pourquoi ne pas songer à l'avenir?

GISELLE.

Parce qu'il n'y a pas d'avenir pour moi; parce que je l'ai perdu par ma faute; parce que j'ai épousé par vanité, par égoïsme, un homme que je n'aimais pas, et que j'ai rejeté celui que je préférais, que j'ai regretté pendant des années et que je regretterai toujours.

Giselle fondit en larmes.

« Giselle, dit Julien en lui prenant une de ses mains mouillée de pleurs, ma chère Giselle, j'aime votre douleur, parce qu'elle témoigne de votre changement, bien réel, bien complet; mais j'aimerais bien mieux une douce gaieté et un esprit dégagé de toute inquiétude. L'homme que vous avez regretté, que vous vouliez bien aimer, n'est-il pas toujours là, désirant votre bonheur par-dessus toute chose, vous aimant toujours de toutes les forces de son cœur, vous demandant le bonheur d'une vie à deux, d'une vie d'époux chrétiens? Si vous croyez pouvoir m'aimer encore comme je vous le demandais il y a dix ans, dites-le-moi, Giselle, et vous aurez comblé tous mes vœux.

GISELLE.

Est-ce sérieux ce que vous dites, Julien? Me croyez-vous digne encore de porter votre nom, de partager votre existence?

JULIEN.

Plus digne que jamais, ma Giselle bien-aimée. Je n'ai jamais parlé plus sérieusement qu'aujourd'hui.

GISELLE.

Alors, mon ami, voici ma main; le cœur est à vous sans partage. »

Julien baisa cette main si désirée et demanda à Giselle de lui laisser le plaisir d'annoncer cette bonne nouvelle à M. et Mme de Gerville; ils ne tardèrent pas à accourir pour féliciter Giselle et pour l'embrasser avec tendresse. Le mariage fut annoncé à la famille, tous s'en réjouirent sans exception. Les parents de Giselle lui refirent la dot qui avait été perdue avec toute la fortune du duc. Julien était riche; Giselle devait être fort riche après ses parents. Les prodigalités passées n'avaient plus de chances de retour.

XXVII

GISELLE, PURIFIÉE PAR SES LARMES, ARRIVE A UNE CONCLUSION

Le consentement de Giselle étant donné, le mariage eut lieu peu de temps après dans le château de Gerville; les plus proches parents seuls y assistèrent; il n'y eut ni fêtes ni réunions extraordinaires.

« Vous voici dépouillée de votre titre de duchesse, dit Julien à Giselle en revenant de la messe. Ne le regrettez-vous pas un peu?

GISELLE.

Je ne regrette qu'une chose, mon ami, c'est d'avoir consenti à le porter en vous sacrifiant à ma vanité. Que Dieu me pardonne cette grande faute de ma vie!

JULIEN.

Vous l'avez effacée en prenant aujourd'hui mon nom, Giselle.

GISELLE.

Plaise à Dieu que je n'en fasse pas un objet de blâme, comme je l'ai fait pour celui de ce pauvre duc!

JULIEN.

Je n'ai aucune inquiétude à ce sujet, chère Giselle; quand on a passé par les épreuves que vous avez supportées, et qu'on en sort avec le repentir si vrai et si profond que vous m'avez témoigné dès notre première entrevue, le cœur et l'âme reprennent une vie nouvelle. Ces repentirs sont rares, bien rares, il est vrai, mais ce n'est pas une grâce sans exemple et vous êtes là pour le prouver. Ce qui jadis n'apparaissait chez vous que par de rares intervalles, est devenu une pensée bien vraie, bien profonde; vous avez appris à aimer Dieu et ses créatures. Je suis une de ces créatures favorisées, et j'en bénis le bon Dieu du fond de mon âme. »

Julien ne se trompa pas; Giselle ne vit plus pour le monde; elle se consacra tout entière au bonheur de son mari, de ses enfants et de ses parents, qui ne la quittent pas; ils n'ont d'autre chagrin que le souvenir du passé, dont ils s'ac-

Les enfants, au nombre de trois, sont parfaitement élevés. (Page 389.)

cusent avec raison. Les enfants, arrivés déjà au nombre de trois, sont parfaitement élevés. L'aîné, qui est une fille, annonçait une fâcheuse ressemblance de caractère avec sa mère, mais une répression ferme et sage efface tous les jours des aspérités d'humeur dont s'alarme Giselle. Julien rit de ses frayeurs, parce qu'il compte sur l'éducation pour faire disparaître ce qui est défectueux.

M. et Mme de Néry ont marié leur fille Isabelle avec leur cousin Jacques, et tout annonce que le mariage sera heureux.

Georges veut faire comme son beau-frère Jacques et comme son cousin Julien, se marier un peu tard, pour être un mari raisonnable et un père éclairé; il a vingt-sept ans, et se trouve encore trop jeune.

Quand Julien veut taquiner Giselle, il dit en parlant de sa petite Léontine : *Quel amour d'enfant!*

« Oh! Julien, répond Giselle, je t'en prie, ne l'appelle pas ainsi; si mon père et maman t'entendaient, ils seraient peinés; tu sais que c'est le nom qu'ils me donnaient dans le temps où j'étais si méchante! »

Julien riait; mais, une fois qu'il l'avait répété sans voir sa belle-mère qui venait d'entrer, elle pleura si amèrement que Julien en fut désolé et qu'il promit à Giselle de ne plus jamais rappeler ce funeste souvenir.

TABLE

À MON PETIT-FILS...................................		1
I.	Giselle est un ange....................	3
II.	Sincérité du cher ange...	21
III.	Courage de Léontine.............................	33
IV.	La sévérité de Léontine.........................	39
V.	Les bouquets.............................	47
VI.	Léontine devient terrible........................	61
VII.	Giselle toujours charmante................	81
VIII.	Leçon de Mlle Tomme....................	99
IX.	Giselle est punie... et pardonnée.................	101
X.	Rechute de Giselle.............................	121
XI.	Habileté de Mme de Monclair.................	135
XII.	Rechute...	155
XIII.	La loterie.......................................	171
XIV.	M. Tocambel est volé...........................	187
XV.	Les brodequins sont retrouvés. Éclair de sagesse...	203
XVI.	Nouvelles méchancetés du cher ange; la mère faiblit encore..	225
XVII.	Giselle veut entrer au couvent....................	245
XVIII.	Surprise et indignation de M. de Gerville..........	259
XIX.	Les vacances font mauvais effet..................	275
XX.	Lutte et victoire de Giselle......................	293

XXI.	Giselle quitte le couvent et redevient tyran. Julien entreprend de la réformer.......................	305
XXII.	Julien réussit......................	319
XXIII.	Giselle veut se marier............................	333
XXIV.	Giselle fait son choix...........................	349
XXV.	Giselle pleure, mais elle est duchesse et millionnaire......................................	361
XXVI.	Giselle est ruinée, malheureuse et repentante....	373
XXVII.	Giselle, purifiée par ses larmes, arrive à une conclusion.............	385

LIBRAIRIE HACHETTE & C¹ᵉ
BOULEVARD SAINT-GERMAIN, 79, A PARIS

LE

JOURNAL DE LA JEUNESSE

NOUVEAU RECUEIL HEBDOMADAIRE

TRÈS RICHEMENT ILLUSTRÉ

POUR LES ENFANTS DE 10 A 15 ANS

Les seize premières années (1873-1888),
formant trente-deux beaux volumes grand in-8°, sont en vente.

Ce nouveau recueil est une des lectures les plus attrayantes que l'on puisse mettre entre les mains de la jeunesse. Il contient des nouvelles, des contes, des biographies, des récits d'aventures et de voyages, des causeries sur l'histoire naturelle, la géographie, les arts et l'industrie, etc., par

Mᵐᵉˢ S. BLANDY, COLOMB, GUSTAVE DEMOULIN, EMMA D'ERWIN, ZÉNAÏDE FLEURIOT, ANDRÉ GÉRARD, JULIE GOURAUD, MARIE MARÉCHAL L. MUSSAT, P. DE NANTEUIL, OUIDA, DE WITT NÉE GUIZOT,

MM. A. ASSOLLANT, DE LA BLANCHÈRE, LÉON CAHUN, RICHARD CORTAMBERT, ERNEST DAUDET, DILLAYE, LOUIS ÉNAULT, J. GIRARDIN, AIMÉ GIRON, AMÉDÉE GUILLEMIN, CH. JOLIET, ALBERT LÉVY, ERNEST MENAULT, EUGÈNE MULLER, PAUL PELET, LOUIS ROUSSELET, G. TISSANDIER, P. VINCENT, ETC.

et est

ILLUSTRÉ DE 9000 GRAVURES SUR BOIS

d'après les dessins de

É. BAYARD, BERTALL, BLANCHARD,
CAIN, CASTELLI, CATENACCI, CRAFTY, C. DELORT,
FAGUET, FÉRAT, FERDINANDUS, GILBERT,
GODEFROY DURAND, HUBERT-CLERGET, KAUFFMANN, LIX, A. MARIE
MESNEL, MOYNET, MYRBACH, A. DE NEUVILLE, PHILIPPOTEAUX,
POIRSON, PRANISHNIKOFF, RICHNER, RIOU,
RONJAT, SAHIB, TAYLOR, THÉROND,
TOFANI, TH. WEBER, E. ZIER.

CONDITIONS DE VENTE ET D'ABONNEMENT

LE JOURNAL DE LA JEUNESSE paraît le samedi de chaque semaine. Le prix du numéro, comprenant 16 pages grand in-8°, est de 40 centimes.

Les 52 numéros publiés dans une année forment deux volumes.

Prix de chaque volume, broché, 10 francs; cartonné en percaline rouge, tranches dorées, 12 francs.

Pour les abonnés, le prix de chaque volume du *Journal de la Jeunesse* est réduit à 5 francs broché.

PRIX DE L'ABONNEMENT
POUR PARIS ET LES DÉPARTEMENTS

Un an (2 volumes)............ .... 20 FRANCS
Six mois (1 volume)............... 10 —

Prix de l'abonnement pour les pays étrangers qui font partie de l'Union générale des postes : Un an, 22 fr.; six mois, 12 fr.

Les abonnements se prennent à partir du 1ᵉʳ décembre et du 1ᵉʳ juin de chaque année.

MON JOURNAL

SIXIÈME ANNÉE
NOUVEAU RECUEIL MENSUEL ILLUSTRÉ
POUR LES ENFANTS DE 5 A 10 ANS

PUBLIÉ SOUS LA DIRECTION DE

Mme Pauline KERGOMARD et de M. Charles DEFODON

CONDITIONS DE VENTE ET D'ABONNEMENT :

Il paraît un numéro le 15 de chaque mois depuis le 15 octobre 1881.

Prix de l'abonnement : Un an 1 fr. 80; prix du numéro, 15 centimes.

Les sept premières années de ce nouveau recueil orment sept beaux volumes grand in-8°, illustrés de nombreuses gravures. La première année est épuisée ; la huitième est en cours de publication.

Prix de l'année, brochée, 2 fr. ; cartonnée en percaline avec fers spéciaux à froid, 2 fr. 50.

Prix de l'emboîtage en percaline, pour les abonnés ou les acheteurs au numéro, 50 centimes.

NOUVELLE COLLECTION ILLUSTRÉE
POUR LA JEUNESSE ET L'ENFANCE
1re SÉRIE, FORMAT IN-8° JÉSUS

Prix du volume : broché, 7 fr. ; cartonné, tranches dorées, 10 fr.

About (Ed.) : *Le roman d'un brave homme*. 1 vol. illustré de 52 compositions par Adrien Marie.
— *L'homme à l'oreille cassée*. 1 vol. illustré de 51 compositions par Eug. Courboin.

Cahun (L.) : *Les aventures du capitaine Magon*. 1 vol. illustré de 72 gravures d'après Philippoteaux.
— *La bannière bleue*. 1 vol. illustré de 73 gravures d'après Lix.

Deslys (Charles) : *L'héritage de Charlemagne*. 1 vol. illustré de 127 gravures d'après Zier.

Dillaye (Fr.) : *Les jeux de la jeunesse, leur origine, leur histoire, avec l'indication des règles qui les régissent*. 1 vol. illustré de 203 grav.

Du Camp (Maxime) : *La vertu en France*. 1 vol. illustré de gravures d'après Dusz, Myrbach, Tofani et E. Zier.

Krafft (H.) : *Souvenirs de notre tour du monde*. 1 vol. avec 24 phototypies et 5 cartes.

Rousselet (Louis) : *Nos grandes écoles militaires et civiles*. 1 vol. illustré de gravures d'après A. Le Maistre, Fr. Régamey et P. Renouard.

Witt (Mme de), née Guizot : *Les femmes dans l'histoire*. 1 vol. avec 80 gravures.

2e SÉRIE, FORMAT IN-8° RAISIN

Prix du volume : broché, 4 fr. ; cartonné, tranches dorées, 6 fr.

Assollant (A.) : *Montluc le Rouge*. 2 vol. avec 107 grav. d'après Sahib.
— *Pendragon*. 1 vol. avec 42 gravures d'après C. Gilbert.

Blandy (Mme S.) : *Rouzdiou*. 1 vol. illustré de 112 gravures d'après E. Zier.

Cahun (L.) : *Les pilotes d'Ango*. 1 vol. avec 45 gravures d'après Sahib.
— *Les mercenaires*. 1 vol. avec 54 gravures d'après P. Fritel.

Chéron de la Bruyère (Mme) : *La tante Derbier*. 1 vol. illustré de 50 gravures d'après Myrbach.

Colomb (Mme) : *Le violoneux de la sapinière*. 1 vol. avec 85 gravures d'après A. Marie.

Colomb (Mme) (suite) : *La fille de Carités*. 1 vol. avec 96 grav. d'après A. Marie.
Ouvrage couronné par l'Académie française.
— *Deux mères*. 1 vol. avec 133 gravures d'après A. Marie.
— *Le bonheur de Françoise*. 1 vol. avec 112 grav. d'après A. Marie.
— *Chloris et Jeanneton*. 1 vol. avec 105 gravures d'après Sahib.
— *L'héritière de Vauclain*. 1 vol. avec 104 grav. d'après C. Delort.
— *Franchise*. 1 vol. avec 113 gravures d'après C. Delort.
— *Feu de paille*. 1 vol. avec 98 gravures d'après Tofani.

Colomb (Mme) (suite) : *Les étapes de Madeleine*. 1 vol. avec 105 grav. d'après Tofani.
— *Denis le tyran*. 1 vol. avec 115 gravures d'après Tofani.
— *Pour la muse*. 1 vol. avec 105 gravures d'après Tofani.
— *Pour la patrie*. 1 vol. avec 112 gravures d'après E. Zier.
— *Hervé Plémeur*. 1 vol. avec 112 gravures d'après E. Zier.
— *Jean l'innocent*. 1 vol. illustré de 112 gravures d'après Zier.
— *Danielle*. 1 vol. illustré de 112 gravures d'après Tofani.
— *Les révoltes de Sylvie*. 1 vol. avec 112 gravures d'après Tofani.

Cortambert (E.) : *Voyage pittoresque à travers le monde*. 1 vol. avec 81 gravures.

Cortambert et Deslys : *Le pays du soleil*. 1 vol. avec 35 gravures.

Daudet (E.) : *Robert Darnetal*. 1 vol. avec 81 grav. d'après Sahib.

Demoulin (Mme G.) : *Les animaux étranges*. 1 vol. avec 172 gravures.

Deslys (Ch.) : *Courage et dévouement*. Histoire de trois jeunes filles. 1 vol. avec 31 gravures d'après Lix et Gilbert.
— *L'Ami François*. 1 vol. avec 35 gr.
— *Nos Alpes*, avec 39 gravures d'après J. David.
— *La mère aux chats*. 1 vol. avec 50 gravures d'après H. David.

Dillaye (Fr.) : *La filleule de saint Louis*. 1 vol. avec 39 grav. d'après E. Zier.

Énault (L.) : *Le chien du capitaine*. 1 vol. avec 43 gravures d'après E. Riou.

Erwin (Mme E. d') : *Heur et malheur*. 1 vol. avec 50 gravures d'après H. Castelli.

Fath (G.) : *Le Paris des enfants*. 1 vol. avec 60 gravures d'après l'auteur.

Fleuriot (Mlle Z.) : *M. Nostradamus*. 1 vol. avec 36 gravures d'après A. Marie.
— *La petite duchesse*. 1 vol. avec 73 gravures d'après A. Marie.
— *Grandcœur*. 1 vol. avec 45 gravures d'après C. Delort.
— *Raoul Daubry, chef de famille*. 1 vol. avec 32 gravures d'après C. Delort.
— *Mandarine*. 1 vol. avec 95 gravures d'après C. Delort.
— *Cadok*. 1 vol. avec 24 gravures d'après C. Gilbert.
— *Câline*. 1 vol. avec 102 grav. d'après G. Fraipont.
— *Feu et flamme*. 1 vol. avec 80 gravures d'après Tofani.
— *Le clan des têtes chaudes*. 1 vol. illustré de 65 gravures d'après Myrbach.
— *Au Galadoc*. 1 vol. illustré de 60 gravures d'après Zier.
— *Les premières pages*. 1 vol. avec 75 gravures d'après Adrien Marie.

Girardin (J.) : *Les braves gens*. 1 vol. avec 115 gravures d'après E. Bayard.

Ouvrage couronné par l'Académie française.

— *Nous autres*. 1 vol. avec 182 gravures d'après E. Bayard.
— *Fausse route*. 1 vol. avec 55 grav. d'après H. Castelli.
— *La toute petite*. 1 vol. avec 128 gravures d'après E. Bayard.
— *L'oncle Placide*. 1 vol. avec 139 gravures d'après A. Marie.
— *Le neveu de l'oncle Placide*. 3 vol. illustrés de 367 gravures d'après A. Marie, qui se vendent séparément.
— *Grand-père*. 1 vol. avec 91 gravures d'après C. Delort.

Ouvrage couronné par l'Académie française.

Girardin (J.) (suite) : *Maman.* 1 vol. avec 112 gravures d'après Tofani.
— *Le roman d'un canore.* 1 vol. avec 110 gravures d'après Tofani.
— *Les millions de la tante Zézé.* 1 vol. avec 112 grav. d'après Tofani.
— *La famille Gaudry.* 1 vol. avec 112 gravures d'après Tofani.
— *Histoire d'un Berrichon.* 1 vol; avec 112 gravures d'après Tofani.
— *Le capitaine Bassinoire.* 1 vol. illustré de 110 gravures d'après Tofani.
— *Second violon.* 1 vol. illustré de 112 gravures d'après Tofani.
— *Le fils Valansé.* 1 vol. avec 112 gravures d'après Tofani.
Giron (AIMÉ) : *Les trois rois mages.* 1 vol. illustré de 60 gravures d'après Fraipont et Pranishnikoff.
Gouraud (Mlle J.) : *Cousine Marie.* 1 vol. avec 36 gravures d'après A. Marie.
Nanteuil (Mme P. de) : *Capitaine.* 1 vol. illustré de 72 gravures d'après Myrbach.
   Ouvrage couronné par l'Académie française.
— *Le général Du Maine.* 1 vol. avec 70 gravures d'après Myrbach.
Rousselet (L.) : *Le charmeur de serpents.* 1 vol. avec 68 gravures d'après A. Marie.
— *Le fils du connétable.* 1 vol. avec 113 gravures d'après Pranishnikoff.
— *Les deux mousses.* 1 vol. avec 90 gravures d'après Sahib.
— *Le tambour du Royal-Auvergne.* 1 vol. avec 115 gravures d'après Poirson.
— *La peau du tigre.* 1 vol. avec 102 gravures d'après Bellecroix et Tofani.

Saintine : *La nature et ses trois règnes,* ou la mère Gigogne et ses trois filles. 1 vol. avec 171 gravures d'après Foulquier et Faguet.
— *La mythologie du Rhin et les contes de la mère-grand.* 1 vol. avec 160 gravures d'après G. Doré.
Tissot et Améro : *Aventures de trois fugitifs en Sibérie.* 1 vol. avec 72 gravures d'après Pranishnikoff.
Tom Brown, scènes de la vie de collège en Angleterre. Imité de l'anglais par J. Girardin. 1 vol. avec 69 grav. d'après G. Durand.
Witt (Mme de), née Guizot : *Scènes historiques.* 1re série. 1 vol. avec 18 gravures d'après E. Bayard.
— *Scènes historiques.* 2e série. 1 vol. avec 28 gravures d'après A. Marie.
— *Lutin et démon.* 1 vol. avec 36 gravures d'après Pranishnikoff et E. Zier.
— *Normands et Normandes.* 1 vol. avec 70 gravures d'après E. Zier.
— *Un jardin suspendu.* 1 vol. avec 39 gravures d'après C. Gilbert.
— *Notre-Dame Guesclin.* 1 vol. avec 70 gravures d'après E. Zier.
— *Une sœur.* 1 vol. avec 65 gravures d'après E. Bayard.
— *Légendes et récits pour la jeunesse.* 1 vol. avec 18 gravures d'après Philippoteaux.
— *Un nid.* 1 vol. avec 63 gravures d'après Ferdinandus.
— *Un patriote au quatorzième siècle.* 1 vol. illustré de gravures d'après E. Zier.

BIBLIOTHÈQUE DES PETITS ENFANTS
DE 4 A 8 ANS
FORMAT GRAND IN-16
CHAQUE VOLUME, BROCHÉ, 2 FR. 25
CARTONNÉ EN PERCALINE BLEUE, TRANCHES DORÉES, 3 FR. 50

Ces volumes sont imprimés en gros caractères.

Cheron de la Bruyère (Mme): *Contes à Pépée*. 1 vol. avec 24 gravures d'après Grivaz.
— *Plaisirs et aventures*. 1 vol. avec 30 gravures d'après Jeanniot.
— *La perruque du grand-père*. 1 vol. illustré de 30 gravures d'après Tofani.
— *Les enfants de Boisfleuri*. 1 vol. illustré de 30 gravures d'après Semechini.
— *Les vacances à Trouville*. 1 vol. avec 40 gravures d'après Tofani.

Colomb (Mme) : *Les infortunes de Chouchou*. 1 vol. avec 48 gravures d'après Riou.

Desgranges (Guillomette) : *Le chemin du collège*. 1 vol. illustré de 30 gravures d'après Tofani.

Duporteau (Mme) : *Petits récits*. 1 vol. avec 28 gravures d'après Tofani.

Erwin (Mme E. d') : *Un été à la campagne*. 1 vol. avec 39 gravures d'après Sahib.

Favre : *L'épreuve de Georges*. 1 vol. avec 44 gravures d'après Geoffroy.

Franck (Mme E.) : *Causeries d'une grand'mère*. 1 vol. avec 72 gravures d'après C. Delort.

Fresneau (Mme), née de Ségur: *Une année du petit Joseph*. Imité de l'anglais. 1 vol. avec 67 gravures d'après Jeanniot.

Girardin (J.) : *Quand j'étais petit garçon*. 1 vol. avec 52 gravures d'après Ferdinandus.
— *Dans notre classe*. 1 vol. avec 26 gravures d'après Jeanniot.

Le Roy (Mme F.) : *L'aventure de Petit Paul*. 1 vol. illustré de 45 gravures, d'après Ferdinandus.

Molesworth (M^{rs}) : *Les aventures de M. Baby*, traduit de l'anglais par Mme de Witt. 1 vol. avec 12 gravures d'après W. Crane.

Pape-Carpantier (Mme) : *Nouvelles histoires et leçons de choses*. 1 vol. avec 42 gravures d'après Semechini.

Surville (André) : *Les grandes vacances*. 1 vol. avec 30 gravures d'après Semechini.
— *Les amis de Berthe*. 1 vol. avec 30 gravures d'après Ferdinandus.
— *La petite Givonnette*. 1 vol. illustré de 34 gravures d'après Grigny.
— *Fleur des champs*. 1 vol. illustré de 32 gravures d'après Zier.
— *La vieille maison du grand-père*. 1 vol. avec 34 gravures d'après Zier.

Witt (Mme de), née Guizot : *Histoire de deux petits frères*. 1 vol. avec 45 grav. d'après Tofani.
— *Sur la plage*. 1 vol. avec 55 gravures, d'après Ferdinandus.
— *Par monts et par vaux*. 1 vol. avec 54 grav. d'après Ferdinandus.
— *Vieux amis*. 1 vol. avec 60 gravures d'après Ferdinandus.
— *En pleins champs*. 1 vol. avec 45 gravures d'après Gilbert.
— *Petite*. 1 vol. avec 56 gravures d'après Tofani.
— *A la montagne*. 1 vol. illustré de 5 gravures d'après Ferdinandus.
— *Deux tout petits*. 1 vol. illustré de 32 gravures d'après Ferdinandus.
— *Au-dessus du lac*. 1 vol. avec 44 gravures.

BIBLIOTHÈQUE ROSE ILLUSTRÉE

FORMAT IN-16

CHAQUE VOLUME, BROCHÉ, 2 FR. 25

CARTONNÉ EN PERCALINE ROUGE, TRANCHES DORÉES, 3 FR. 50

Ire SÉRIE, POUR LES ENFANTS DE 4 A 8 ANS

Anonyme : *Chien et chat*, traduit de l'anglais. 1 vol. avec 45 gravures d'après E. Bayard.

— *Douze histoires pour les enfants de quatre à huit ans*, par une mère de famille. 1 vol. avec 8 gravures d'après Bertall.

— *Les enfants d'aujourd'hui*, par le même auteur. 1 vol. avec 40 gravures d'après Bertall.

Carraud (Mme) : *Historiettes véritables*, pour les enfants de quatre à huit ans. 1 vol. avec 94 gravures d'après G. Fath.

Fath (G.) : *La sagesse des enfants*, proverbes. 1 vol. avec 100 gravures d'après l'auteur.

Laroque (Mme) : *Grands et petits*. 1 vol. avec 61 gravures d'après Bertall.

Marcel (Mme J.) : *Histoire d'un cheval de bois*. 1 vol. avec 20 gravures d'après E. Bayard.

Pape-Carpantier (Mme) : *Histoire et leçons de choses pour les enfants*. 1 vol. avec 85 gravures d'après Bertall.

Ouvrage couronné par l'Académie française.

Perrault, MM^{mes} d'Aulnoy et Leprince de Beaumont : *Contes de fées*. 1 vol. avec 65 gravures d'après Bertall et Forest.

Porchat (J.) : *Contes merveilleux*. 1 vol. avec 21 gravures d'après Bertall.

Schmid (le chanoine) : *190 contes pour les enfants*, traduit de l'allemand par André Van Hasselt. 1 vol. avec 29 gravures d'après Bertall.

Ségur (Mme la comtesse de) : *Nouveaux contes de fées*. 1 vol. avec 46 gravures d'après Gustave Doré et H. Didier.

IIe SÉRIE, POUR LES ENFANTS DE 8 A 14 ANS

Achard (A.) : *Histoire de mes amis*. 1 vol. avec 25 gravures d'après Bellecroix.

Alcott (Miss) : *Sous les lilas*, traduit de l'anglais par Mme S. Lepage. 1 vol. avec 23 gravures.

Andersen : *Contes choisis*, traduits du danois par Soldi. 1 vol. avec 40 gravures d'après Bertall.

Anonyme : *Les fêtes d'enfants*, scènes et dialogues. 1 vol. avec 41 gravures d'après Foulquier.

Assollant (A.). *Les aventures merveilleuses mais authentiques du capitaine Corcoran.* 2 vol. avec 50 gravures, d'après A. de Neuville.

Barrau (Th.) : *Amour filial.* 1 vol. avec 41 gravures d'après Ferogio.

Bawr (Mme de) : *Nouveaux contes.* 1 vol. avec 40 grav. d'après Bertall. Ouvrage couronné par l'Académie française.

Beleze : *Jeux des adolescents.* 1 vol. avec 140 gravures.

Berquin : *Choix de petits drames et de contes.* 1 vol. avec 36 gravures d'après Foulquier, etc.

Berthet (E.) : *L'enfant des bois.* 1 vol. avec 61 gravures.
— *La petite Chailloux.* 1 vol. illustré de 41 gravures d'après E. Bayard et G. Fraipont.

Blanchère (De la) : *Les aventures de la Ramée.* 1 vol. avec 36 gravures d'après E. Forest.
— *Oncle Tobie le pêcheur.* 1 vol. avec 80 gravures d'après Foulquier et Mesnel.

Boiteau (P.) : *Légendes recueillies ou composées pour les enfants.* 1 vol. avec 42 gravures d'après Bertall.

Carpentier (Mlle E.) : *La maison du bon Dieu.* 1 vol. avec 58 gravures d'après Riou.
— *Sauvons-le !* 1 vol. avec 60 gravures d'après Riou.
— *Le secret du docteur, ou la maison fermée.* 1 vol. avec 43 gravures d'après P. Girardet.
— *La tour du preux.* 1 vol. avec 59 gravures d'après Tofani.
— *Pierre le Tors.* 1 vol. avec 64 gravures d'après Zier.

Carraud (Mme Z.) : *La petite Jeanne, ou le devoir.* 1 vol. avec 24 gravures d'après Forest. Ouvrage couronné par l'Académie française.

Carraud (Mme Z.) (suite) : *Les goûters de la grand'mère.* 1 vol. avec 18 gravures d'après E. Bayard.
— *Les métamorphoses d'une goutte d'eau.* 1 vol. avec 50 gravures d'après E. Bayard.

Castillon (A.) : *Les récréations physiques.* 1 vol. avec 36 gravures d'après Castelli.
— *Les récréations chimiques,* faisant suite au précédent. 1 vol. avec 34 gravures d'après H. Castelli.

Cazin (Mme J.) : *Les petits montagnards.* 1 vol. avec 51 gravures d'après G. Vuillier.
— *Un drame dans la montagne.* 1 vol. avec 33 grav. d'après G. Vuillier.
— *Histoire d'un pauvre petit.* 1 vol. avec 40 gravures d'après Tofani.
— *L'enfant des Alpes.* 1 vol. avec 33 gravures d'après Tofani.
— *Perlette.* 1 vol. illustré de 54 gravures d'après MYRBACH.
— *Les saltimbanques.* 1 vol. avec 66 gravures d'après Girardet.
— *Le petit chevrier.* 1 vol. illustré de 39 gravures d'après VUILLIER.

Chabreul (Mme de) : *Jeux et exercices des jeunes filles.* 1 vol. avec 62 gravures d'après Fath, et la musique des rondes.

Colet (Mme L.) : *Enfances célèbres.* 1 vol. avec 57 grav. d'après Foulquier.

Contes anglais, traduit par Mme de Witt. 1 vol. avec 43 gravures d'après Morin.

Deslys (Ch.) : *Grand'maman.* 1 vol. avec 29 gravures d'après E. Zier.

Edgeworth (Miss) : *Contes de l'adolescence,* traduits par A. Le François. 1 vol. avec 42 gravures d'après Morin.
— *Contes de l'enfance,* traduits par le même. 1 vol. avec 26 gravures d'après Foulquier.

Edgeworth (Miss) (suite) : *Demain*, suivi de *Mourad le malheureux*, contes traduits par H. Jousselin. 1 vol. avec 55 grav. d'après Bertall.
Fath (G.) : *Bernard, la gloire de son village*. 1 vol. avec 50 gravures d'après Mme G. Fath.
Fénelon : *Fables*. 1 vol. avec 29 grav. d'après Forest et É. Bayard.
Fleuriot (Mme) : *Le petit chef de famille*. 1 vol. avec 57 gravures d'après H. Castelli.
— *Plus tard, ou le jeune chef de famille*. 1 vol. avec 60 gravures d'après É. Bayard.
— *L'enfant gâté*. 1 vol. avec 48 gravures d'après Ferdinandus.
— *Tranquille et Tourbillon*. 1 vol. avec 45 grav. d'après C. Delort.
— *Cadette*. 1 vol. avec 52 gravures d'après Tofani.
— *En congé*. 1 vol. avec 61 gravures d'après Ad. Marie.
— *Bigarette*. 1 vol. avec 48 gravures d'après Ad. Marie.
— *Bouche-en-Cœur*. 1 vol. avec 45 gravures d'après Tofani.
— *Gildas l'intraitable*, 1 vol. avec 50 gravures d'après E. Zier.
— *Parisiens et Montagnards*. 1 vol. avec 40 gravures d'après E. Zier.
Foë (de) : *La vie et les aventures de Robinson Crusoé*, traduit de l'anglais. 1 vol. avec 40 gravures.
Fonvielle (W. de) : *Néridah*. 2 vol. avec 45 gravures d'après Sahib.
Fresneau (Mme), née de Ségur : *Comme les grands!* 1 vol. illustré de 46 gravures d'après Ed. Zier.
— *Thérèse à Saint-Domingue*. 1 vol. avec 40 gravures d'après Tofani.
Genlis (Mme de) : *Contes moraux*. 1 v. avec 40 grav. d'après Foulquier, etc.
Gérard (A.) : *Petite Rose*. — *Grande Jeanne*. 1 vol. avec 28 gravures d'après Gilbert.

Girardin (J.) : *La disparition du grand Krause*. 1 vol. avec 70 gravures d'après Kauffmann.
Giron (A.) : *Ces pauvres petits*. 1 vol. avec 22 gravures d'après B. Nouvel.
Gouraud (Mlle J.) : *Les enfants de la ferme*. 1 vol. avec 59 grav. d'après É. Bayard.
— *Le livre de maman*. 1 vol. avec 68 grav. d'après É. Bayard.
— *Cécile, ou la petite sœur*. 1 vol. avec 20 grav. d'après Desandré.
— *Lettres de deux poupées*. 1 vol. avec 59 gravures d'après Ollivier.
— *Le petit colporteur*. 1 vol. avec 27 grav. d'après A. de Neuville.
— *Les mémoires d'un petit garçon*. 1 vol. avec 86 gravures d'après É. Bayard.
— *Les mémoires d'un caniche*. 1 vol. avec 75 gravures d'après É. Bayard.
— *L'enfant du guide*. 1 vol. avec 60 gravures d'après É. Bayard.
— *Petite et grande*. 1 vol. avec 48 gravures d'après É. Bayard.
— *Les quatre pièces d'or*. 1 vol. avec 54 gravures d'après É. Bayard.
— *Les deux enfants de Saint-Domingue*. 1 vol. avec 54 gravures d'après É. Bayard.
— *La petite maîtresse de maison*. 1 vol. avec 37 grav. d'après Marie.
— *Les filles du professeur*. 1 vol. avec 36 grav. d'après Kauffmann.
— *La famille Harel*. 1 vol. avec 44 gravures d'après Valnay.
— *Aller et retour*. 1 vol. avec 40 gravures d'après Ferdinandus.
— *Les petits voisins*. 1 vol. avec 39 gravures d'après C. Gilbert.
— *Chez grand'mère*. 1 vol. avec 93 gravures d'après Tofani.
— *Le petit bonhomme*. 1 vol. avec 45 grav. d'après A. Ferdinandus.

Gouraud (Mlle J.) (suite) : *Le vieux château*. 1 vol. avec 28 gravures d'après E. Zier.
— *Pierrot*. 1 vol. avec 31 gravures d'après E. Zier.
— *Minette*. 1 vol. illustré de 52 gravures d'après Tofani.
— *Quand je serai grande !* 1 vol. avec 60 gravures d'après Ferdinandus.

Grimm (les frères) : *Contes choisis*, traduits par Ferd. Baudry. 1 vol. avec 40 gravures d'après Bertall.

Hauff : *La caravane*, traduit par A. Talon. 1 vol. avec 40 gravures d'après Bertall.
— *L'auberge du Spessart*, traduit par A. Talon. 1 vol. avec 61 gravures d'après Bertall.

Hawthorne : *Le livre des merveilles*, traduit de l'anglais par L. Rabillon. 2 vol. avec 40 gravures d'après Bertall.

Hébel et **Karl Simrock** : *Contes allemands*, traduits par M. Martin. 1 vol. avec 27 grav. d'après Bertall.

Johnson (R. B.) : *Dans l'extrême Far West*, traduit de l'anglais par A. Talandier. 1 vol. avec 20 gravures d'après A. Marie.

Marcel (Mme J.) : *L'école buissonnière*. 1 vol. avec 20 gravures d'après A. Marie.
— *Le bon frère*. 1 vol. avec 21 gravures d'après É. Bayard.
— *Les petits vagabonds*. 1 vol. avec 25 gravures d'après É. Bayard.
— *Histoire d'une grand'mère et de son petit-fils*. 1 vol. avec 36 gravures d'après C. Delort.
— *Daniel*. 1 vol. avec 45 gravures d'après Gilbert.
— *Le frère et la sœur*. 1 vol. avec 45 gravures d'après E. Zier.
— *Un bon gros pataud*. 1 vol. avec 45 gravures d'après Jeanniot.

Maréchal (Mlle M.) : *La dette de Ben-Aïssa*. 1 vol. avec 20 gravures d'après Bertall.
— *Nos petits camarades*. 1 vol. avec 18 gravures d'après E. Bayard et H. Castelli, etc.
— *La maison modèle*. 1 vol. avec 42 gravures d'après Sahib.

Marmier (X.) : *L'arbre de Noël*. 1 vol. avec 68 grav. d'après Bertall.

Martignat (Mlle de) : *Les vacances d'Élisabeth*. 1 vol. avec 36 gravures d'après Kauffmann.
— *L'oncle Doni*. 1 vol. avec 42 gravures d'après Gilbert.
— *Ginette*. 1 vol. avec 50 gravures d'après Tofani.
— *Le manoir d'Yolan*. 1 vol. avec 56 gravures d'après Tofani.
— *Le pupille du général*. 1 vol. avec 40 gravures d'après Tofani.
— *L'héritière de Maurivèze*. 1 vol. avec 39 grav. d'après Poirson.
— *Une vaillante enfant*. 1 vol. avec 43 gravures par Tofani.
— *Une petite-nièce d'Amérique*. 1 vol. avec 43 gravures d'après Tofani.
— *La petite fille du vieux Thémi*. 1 vol. illustré de 42 gravures d'après Tofani.

Mayne-Reid (le capitaine) : *Les chasseurs de girafes*, traduit de l'anglais par H. Vattemare. 1 vol. avec 10 grav. d'après A. de Neuville.
— *A fond de cale*, traduit par Mme H. Loreau. 1 vol. avec 12 gravures.
— *A la mer !* traduit par Mme H. Loreau. 1 vol. avec 12 gravures.
— *Bruin*, ou les chasseurs d'ours, traduit par A. Letellier. 1 vol. avec 8 grandes gravures.
— *Les chasseurs de plantes*, traduit par Mme H. Loreau. 1 vol. avec 29 gravures.

Mayne-Reid (le capitaine) (suite) : *Les exilés dans la forêt*, traduit par Mme H. Loreau. 1 vol. avec 12 gravures.
— *L'habitation du désert*, traduit par A. Le François. 1 vol. avec 24 grav.
— *Les grimpeurs de rochers*, traduit par Mme H. Loreau. 1 vol. avec 20 gravures.
— *Les peuples étranges*, traduit par Mme H. Loreau. 1 vol. avec 24 grav.
— *Les vacances des jeunes Boërs*, traduit par Mme H. Loreau. 1 vol. avec 12 gravures.
— *Les veillées de chasse*, traduit par H.-B. Révoil. 1 vol. avec 43 gravures d'après Freeman.
— *La chasse au Léviathan*, traduit par J. Girardin. 1 vol. avec 51 gravures d'après A. Ferdinandus et Th. Weber.
— *Les naufragés de la Calypso.* 1 vol. traduit par Mme GUSTAVE DEMOULIN et illustré de 55 gravures d'après PRANISHNIKOFF.

Müller (E.) : *Robinsonnette.* 1 vol. avec 22 gravures d'après Lix.

Ouida : *Le petit comte.* 1 vol. avec 34 gravures d'après G. Vullier, Tofani, etc.

Peyronny (Mme de), née d'Isle : *Deux cœurs dévoués.* 1 vol. avec 53 gravures d'après J. Devaux.

Pitray (Mme de) : *Les enfants des Tuileries.* 1 vol. avec 29 gravures d'après É. Bayard.
— *Les débuts du gros Philéas.* 1 vol. avec 57 grav. d'après H. Castelli.
— *Le château de la Pétaudière.* 1 vol. avec 78 grav. d'après A. Marie.
— *Le fils du maquignon.* 1 vol. avec 65 gravures d'après Riou.
— *Petit monstre et poule mouillée.* 1 vol. avec 66 grav. par E. Girardot.
— *Robin des Bois.* 1 vol. illustré de 40 gravures d'après Sirouy.

Rendu (V.) : *Mœurs pittoresques des insectes.* 1 vol. avec 40 grav.

Rostoptchine (Mme la comtesse) : *Belle, Sage et Bonne.* 1 vol. avec 39 gravures d'après Ferdinandus.

Sandras (Mme) : *Mémoires d'un lapin blanc.* 1 vol. avec 20 gravures d'après É. Bayard.

Sannois (Mme la comtesse de) : *Les soirées à la maison.* 1 vol. avec 42 gravures d'après É. Bayard.

Ségur (Mme la comtesse de) : *Après la pluie, le beau temps.* 1 vol. avec 128 grav. d'après É. Bayard.
— *Comédies et proverbes.* 1 vol. avec 60 gravures d'après É. Bayard.
— *Diloy le chemineau.* 1 vol. avec 90 gravures d'après H. Castelli.
— *François le bossu.* 1 vol. avec 114 gravures d'après É. Bayard.
— *Jean qui grogne et Jean qui rit.* 1 vol. avec 70 grav. d'après Castelli.
— *La fortune de Gaspard.* 1 vol. avec 52 gravures d'après Gorlier.
— *La sœur de Gribouille.* 1 vol. avec 72 grav. d'après H. Castelli.
— *Pauvre Blaise!* 1 vol. avec 65 gravures d'après H. Castelli.
— *Quel amour d'enfant!* 1 vol. avec 70 gravures d'après É. Bayard.
— *Un bon petit diable.* 1 vol. avec 100 gravures d'après H. Castelli.
— *Le mauvais génie.* 1 vol. avec 90 gravures d'après É. Bayard.
— *L'auberge de l'ange gardien.* 1 vol. avec 75 grav. d'après Foulquier.
— *Le général Dourakine.* 1 vol. avec 100 gravures d'après É. Bayard.
— *Les bons enfants.* 1 vol. avec 70 gravures d'après Ferogio.
— *Les deux nigauds.* 1 vol. avec 76 gravures d'après H. Castelli.
— *Les malheurs de Sophie.* 1 vol. avec 48 grav. d'après H. Castelli.

Ségur (Mme la comtesse de) (suite) : *Les petites filles modèles*. 1 vol. avec 21 gravures d'après Bertall.
— *Les vacances*. 1 vol. avec 36 gravures d'après Bertall.
— *Mémoires d'un âne*. 1 vol. avec 75 grav. d'après H. Castelli.

Stolz (Mme de) : *La maison roulante*. 1 vol. avec 20 grav. sur bois d'après É. Bayard.
— *Le trésor de Nanette*. 1 vol. avec 24 gravures d'après É. Bayard.
— *Blanche et noire*. 1 vol. avec 54 gravures d'après É. Bayard.
— *Par-dessus la haie*. 1 vol. avec 56 gravures d'après A. Marie.
— *Les poches de mon oncle*. 1 vol. avec 20 gravures d'après Bertall.
— *Les vacances d'un grand-père*. 1 vol. avec 40 gravures d'après G. Delafosse.
— *Quatorze jours de bonheur*. 1 vol. avec 45 gravures d'après Bertall.
— *Le vieux de la forêt*. 1 vol. avec 32 gravures d'après Sahib.
— *Le secret de Laurent*. 1 vol. avec 32 gravures d'après Sahib.
— *Les deux reines*. 1 vol. avec 32 gravures d'après Delort.
— *Les mésaventures de Mlle Thérèse*. 1 vol. avec 29 grav. d'après Charles.
— *Les frères de lait*. 1 vol. avec 42 gravures d'après E. Zier.

Stolz (Mme de) (suite) : *Magali*. 1 vol. avec 36 gravures d'après Tofani.
— *La maison blanche*. 1 vol. avec 35 gravures d'après Tofani.
— *Les deux André*. 1 vol. avec 45 gravures d'après Tofani.
— *Deux tantes*. 1 vol. avec 43 gravures d'après Tofani.
— *Violence et bonté*. 1 vol. avec 36 gravures d'après Tofani.
— *L'embarras du choix*. 1 v. illustré de 36 gravures d'après Tofani.

Swift : *Voyages de Gulliver*, traduit et abrégé à l'usage des enfants. 1 vol. avec 57 gravures d'après Delafosse.

Taulier : *Les deux petits Robinsons de la Grande-Chartreuse*. 1 vol. avec 69 gravures d'après É. Bayard et Hubert Clergot.

Tournier : *Les premiers chants*, poésies à l'usage de la jeunesse, 1 vol. avec 20 gravures d'après Gustave Roux.

Vimont (Ch.) : *Histoire d'un navire*. 1 vol. avec 40 gravures d'après Alex. Vimont.

Witt (Mme de), née Guizot : *Enfants et parents*. 1 vol. avec 34 gravures d'après A. de Neuville.
— *La petite-fille aux grand'mères*. 1 vol. avec 36 grav. d'après Beau.
— *En quarantaine*. 1 vol. avec 48 gravures d'après Ferdinandus.

IIIᵉ SÉRIE, POUR LES ENFANTS ADOLESCENTS

ET POUVANT FORMER UNE BIBLIOTHÈQUE POUR LES JEUNES FILLES DE 14 A 18 ANS

VOYAGES

Agassiz (M. et Mme) : *Voyage au Brésil*, traduit et abrégé par J. Belin de Launay. 1 vol. avec 16 gravures et 1 carte.

Aunet (Mme d') : *Voyage d'une femme au Spitzberg*. 1 vol. avec 34 gravures.

Baines : *Voyages dans le sud-ouest de l'Afrique*, traduit et abrégé par J. Belin de Launay. 1 vol. avec 22 gravures et 1 carte.

Baker: *Le lac Albert N'yanza*. Nouveau voyage aux sources du Nil, abrégé par Belin de Launay. 1 vol. avec 16 gravures et 1 carte.

Baldwin : *Du Natal au Zambèse* (1861-1865). Récits de chasses, abrégés par J. Belin de Launay. 1 vol. avec 24 gravures et 1 carte.

Burton (le capitaine) : *Voyages à la Mecque, aux grands lacs d'Afrique et chez les Mormons*, abrégé par J. Belin de Launay. 1 vol. avec 12 gravures et 3 cartes.

Catlin : *La vie chez les Indiens*, traduit de l'anglais. 1 vol. avec 25 gravures.

Fonvielle (W. de) : *Le glaçon du Polaris*, aventures du capitaine Tyson. 1 vol. avec 19 gravures et 1 carte.

Hayes (D^r) : *La mer libre du pôle*, traduit par F. de Lanoye, et abrégé par J. Belin de Launay. 1 vol. avec 14 gravures et 1 carte.

Hervé et de Lanoye : *Voyages dans les glaces du pôle arctique*. 1 vol. avec 40 gravures.

Lanoye (F. de): *Le Nil et ses sources*. 1 vol. avec 32 gravures et des cartes.
— *La Sibérie*. 1 vol. avec 48 gravures d'après Lebreton, etc.
— *Les grandes scènes de la nature*. 1 vol. avec 40 gravures.
— *La mer polaire*, voyage de l'Érèbe et de la Terreur, et expédition à la recherche de Franklin. 1 vol. avec 29 gravures et des cartes.
— *Ramsès le Grand*, ou l'Égypte il y a trois mille trois cents ans. 1 vol. avec 39 gravures d'après Lancelot, E. Bayard, etc.

Livingstone : *Explorations dans l'Afrique australe*, abrégé par J. Belin de Launay. 1 vol. avec 20 gravures et 1 carte.

Livingstone (suite) : *Dernier journal*, abrégé par J. Belin de Launay. 1 vol. avec 16 grav. et 1 carte.

Mage (L.) : *Voyage dans le Soudan occidental*, abrégé par J. Belin de Launay. 1 vol. avec 16 gravures et 1 carte.

Milton et Cheadle : *Voyage de l'Atlantique au Pacifique*, traduit et abrégé par J. Belin de Launay. 1 vol. avec 16 gravures et 2 cartes.

Mouhot (Ch.) : *Voyage dans le royaume de Siam, le Cambodge et le Laos*. 1 vol. avec 28 gravures et 1 carte.

Palgrave (W. G.) : *Une année dans l'Arabie centrale*, traduit et abrégé par J. Belin de Launay. 1 vol. avec 12 gravures, 1 portrait et 1 carte.

Pfeiffer (Mme) : *Voyages autour du monde*, abrégé par J. Belin de Launay. 1 vol. avec 16 gravures et 1 carte.

Piotrowski : *Souvenirs d'un Sibérien*. 1 vol. avec 10 gravures d'après A. Marie.

Schweinfurth (D^r) : *Au cœur de l'Afrique* (1866-1871). Traduit par Mme H. Loreau, et abrégé par J. Belin de Launay. 1 vol. avec 16 gravures et 1 carte.

Speke : *Les sources du Nil*, édition abrégée par J. Belin de Launay. 1 vol. avec 24 gravures et 3 cartes.

Stanley : *Comment j'ai retrouvé Livingstone*, traduit par Mme Loreau, et abrégé par J. Belin de Launay. 1 vol. avec 16 gravures et 1 carte.

Vambéry : *Voyages d'un faux derviche dans l'Asie centrale*, traduit par E. D. Forgues, et abrégé par J. Belin de Launay. 1 vol. avec 18 gravures et une carte.

HISTOIRE

Le loyal serviteur : *Histoire du gentil seigneur de Bayard*, revue et abrégée, à l'usage de la jeunesse, par Alph. Feillet. 1 vol. avec 36 gravures d'après P. Sellier.

Monnier (M.) : *Pompéi et les Pompéiens.* Édition à l'usage de la jeunesse. 1 vol. avec 25 gravures d'après Thérond.

Plutarque : *Vie des Grecs illustres*, édition abrégée par A. Feillot. 1 vol. avec 53 gravures d'après P. Sellier.

— *Vie des Romains illustres*, édition abrégée par A. Feillot. 1 vol. avec 69 gravures d'après P. Sellier.

Retz (Le cardinal de) : *Mémoires* abrégés par A. Feillet. 1 vol. avec 35 gravures d'après Gilbert, etc.

LITTÉRATURE

Bernardin de Saint-Pierre: *Œuvres choisies.* 1 vol. avec 12 gravures d'après É. Bayard.

Cervantès : *Don Quichotte de la Manche.* 1 vol. avec 64 gravures d'après Bertall et Forest.

Homère : *L'Iliade et l'Odyssée*, traduites par P. Giguet et abrégées par Alph. Feillet. 1 vol. avec 33 gravures d'après Ollvier.

Le Sage : *Aventures de Gil Blas*, édition destinée à l'adolescence. 1 vol. avec 50 gravures d'après Leroux.

Mac-Intosch (Miss) : *Contes américains*, traduits par Mme Dionis. 2 vol. avec 50 gravures d'après É. Bayard.

Maistre (X. de) : *Œuvres choisies.* 1 vol. avec 15 gravures d'après É. Bayard.

Molière : *Œuvres choisies*, abrégées, à l'usage de la jeunesse. 2 vol. avec 22 gravures d'après Hillemacher.

Virgile : *Œuvres choisies*, traduites et abrégées à l'usage de la jeunesse, par Th. Burrau. 1 vol. avec 20 gravures d'après P. Sellier.

PETITE BIBLIOTHÈQUE DE LA FAMILLE

FORMAT PETIT IN-12

A 2 FRANCS LE VOLUME

LA RELIURE EN PERCALINE GRIS PERLE, TRANCHES ROUGES,
SE PAYE EN SUS, 50 C.

Fleuriot (Mlle Z.) : *Tombée du nid.* 1 vol.
— *Raoul Daubry, chef de famille*; 2e édit. 1 vol.
— *L'héritier de Kerguignon*; 3e édit. 1 vol.
— *Réséda*; 9e édit. 1 vol.
— *Ces bons Rosaëc!* 1 vol.
— *La vie en famille*; 8e édit. 1 vol.
— *Le cœur et la tête.* 1 vol.
— *Au Galadoc.* 1 vol.
— *De trop.* 1 vol.
— *Le théâtre chez soi, comédies et proverbes.* 1 vol.

Fleuriot Kérinou : *De fil en aiguille.* 1 vol.

Girardin (J.) : *Le locataire des demoiselles Rocher.* 1 vol.

Girardin (J.) : *Les épreuves d'Étienne.* 1 vol.
— *Les théories du docteur Wurtz.* 1 vol.
— *Miss Sans-Cœur*; 2e édit. 1 vol.
— *Les braves gens.* 1 vol.

Marcel (Mme J.) : *Le Clos-Chantereine.* 1 vol.

Wiele (Mme Van de) : *Filleul du roi!* 1 vol.

Witt (Mme de), née Guizot : *Tout simplement*; 2e édition. 1 vol.
— *Reine et maîtresse.* 1 vol.
— *Un héritage.* 1 vol.
— *Ceux qui nous aiment et ceux que nous aimons.* 1 vol.
— *Sous tous les cieux.* 1 vol.

D'autres volumes sont en préparation.

www.ingramcontent.com/pod-product-compliance
Lightning Source LLC
Chambersburg PA
CBHW052133230426
43671CB00009B/1235